DE L'EAU AUX OCÉANS

L'édition originale de cet ouvrage
a paru sous le titre : *Seas and Oceans*

28 Percy Street, London W1P 9FF

Adaptation française de Louis Morzac

D/1993/0195/85
ISBN 2-7130-1493-X
(édition originale : ISBN 0-7496-0805-6)

Exclusivité au Canada :
Les éditions Héritage inc., 300, rue Arran
Saint-Lambert (Québec) J4R 1K5
Dépôts légaux, 4e trimestre 1993
Bibliothèque nationale du Québec
Bibliothèque nationale du Canada
ISBN 2-7625-7263-0

Loi n° 49-956 du 16 juillet 1949
sur les publications destinées à la jeunesse

Imprimé en Belgique

GÉOGRAPHIE EN DIRECT

DE L'EAU AUX OCÉANS

JOHN CLARK – LOUIS MORZAC

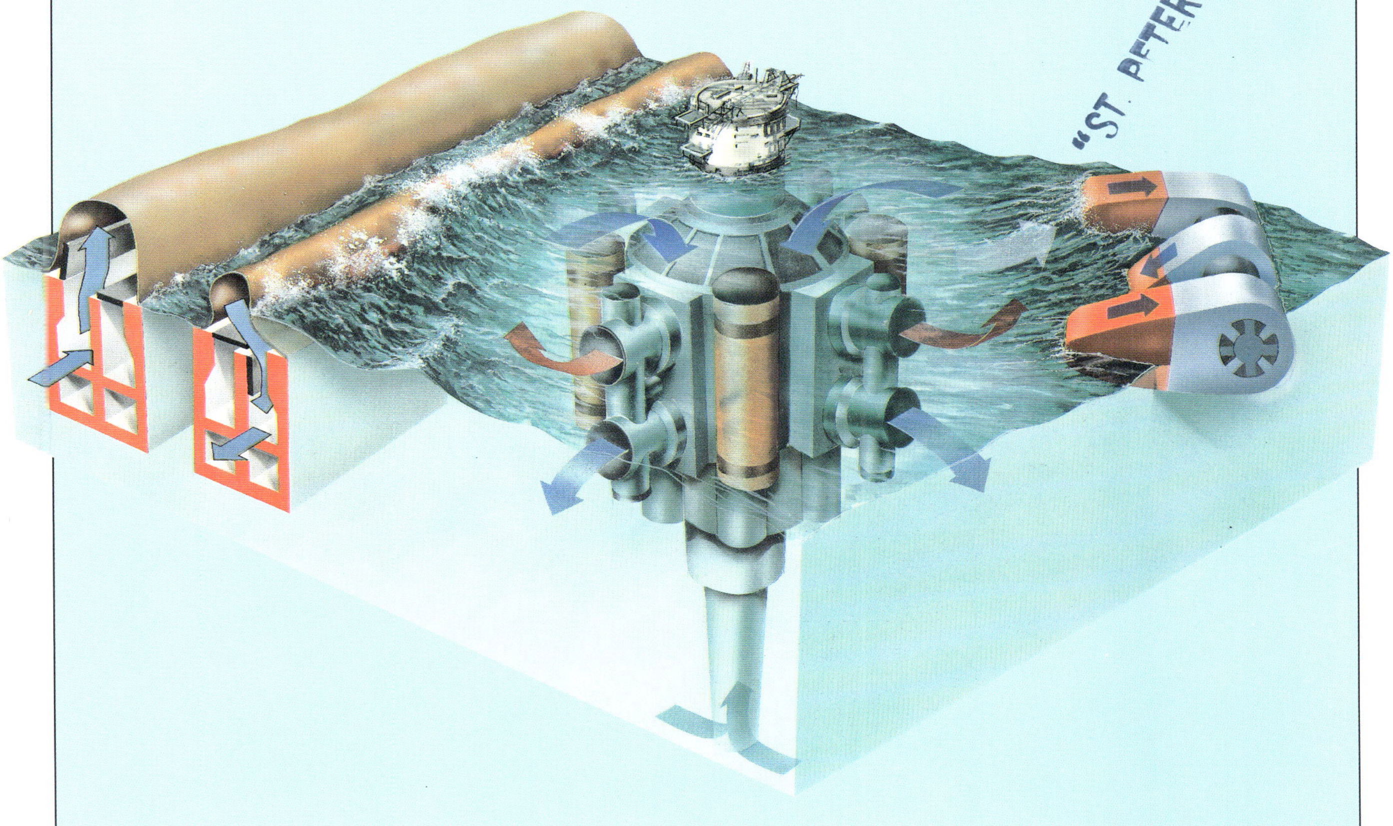

GAMMA - HÉRITAGE

Sommaire

Cet ouvrage traite des océans et des mers. Il montre comment les océans se sont formés il y a des millions d'années et quelle source de minéraux et d'aliments ils renferment. Il passe aussi en revue les paysages sous-marins, la flore et la faune que l'on découvre à différentes profondeurs. Il explique les moyens d'utiliser l'énergie océanique pour produire de l'électricité et pointe les sources de pollution de l'océan par l'homme. Vous trouverez des expériences pratiques ainsi que des questionnaires destinés à soutenir votre attention et à tester vos connaissances.

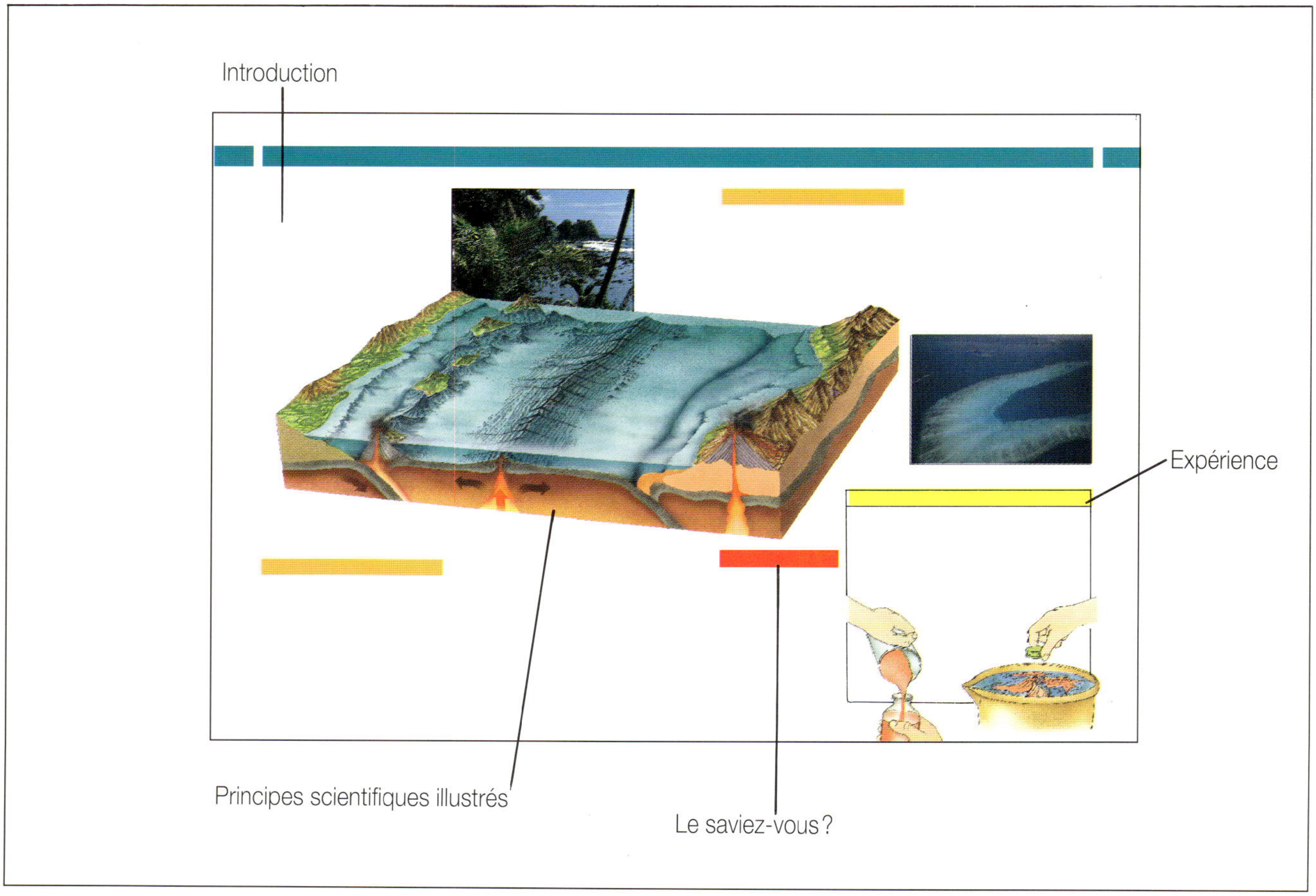

INTRODUCTION

Les océans et les mers couvrent près des trois quarts de la surface terrestre. À cause des courants et des marées, leurs eaux sont sans cesse en mouvement. Ils servent d'habitat à des millions de créatures différentes, des crevettes et méduses aux requins et baleines. Le fond des océans est modulé par de hautes montagnes, des vallées et des fosses profondes. La physionomie des fonds océaniques évolue constamment à mesure que des roches en fusion venues des entrailles de la Terre se fraient un chemin vers le haut à travers l'écorce terrestre et que des roches plus anciennes s'enfoncent dans le manteau. L'éruption de volcans sous-marins contribue à la formation de nouvelles chaînes d'îles.

Depuis des siècles, l'homme s'intéresse aux mers et aux océans. Les premières explorations faisaient appel à des filins lestés pour mesurer la profondeur de la mer, actuellement des submersibles et des bathyscaphes permettent des observations dans les grandes profondeurs sous-marines. Cet ouvrage passe en revue l'origine, la composition, la flore et la faune des océans. Il explique aussi comment la pollution et d'autres activités humaines risquent de mettre en péril ces ressources naturelles.

Vagues se brisant contre un rocher dans le Pacifique Nord près de la Californie

LA PLANÈTE HUMIDE

La majeure partie de la surface terrestre est recouverte par les océans et les mers. Cette vaste superficie aquatique – plus de 360 millions de kilomètres carrés – entoure les continents. Vue de l'Espace, la Terre apparaît comme une planète bleue parsemée de taches brunes: les continents et autres archipels.

FORMATION

La Terre n'a pas été de tout temps recouverte d'eau. Les océans n'ont pas toujours revêtu leur forme actuelle. À ses débuts, la Planète était une boule de roches brûlantes, émaillée de milliers de volcans en activité. L'éruption d'un volcan s'accompagnait d'émissions de gaz dans l'atmosphère, vapeur d'eau et anhydride carbonique principalement. Puis l'atmosphère se satura de vapeur qui se condensa et tomba sous forme de pluie à mesure que la Terre se refroidissait. L'émission continue de vapeur par les volcans entretint le cycle. Au fil du temps, l'accumulation d'eau de pluie à la surface donna naissance aux mers et océans actuels.

Au cours de cette période ancienne, la plus grande partie du sol ne constituait qu'une seule île immense. Puis, les continents se séparèrent et dérivèrent vers leurs emplacements actuels.

▽ L'émission de vapeur par les volcans, suivie de sa condensation et de la formation de nuages de pluie provoqua des précipitations dont l'accumulation donna naissance aux océans.

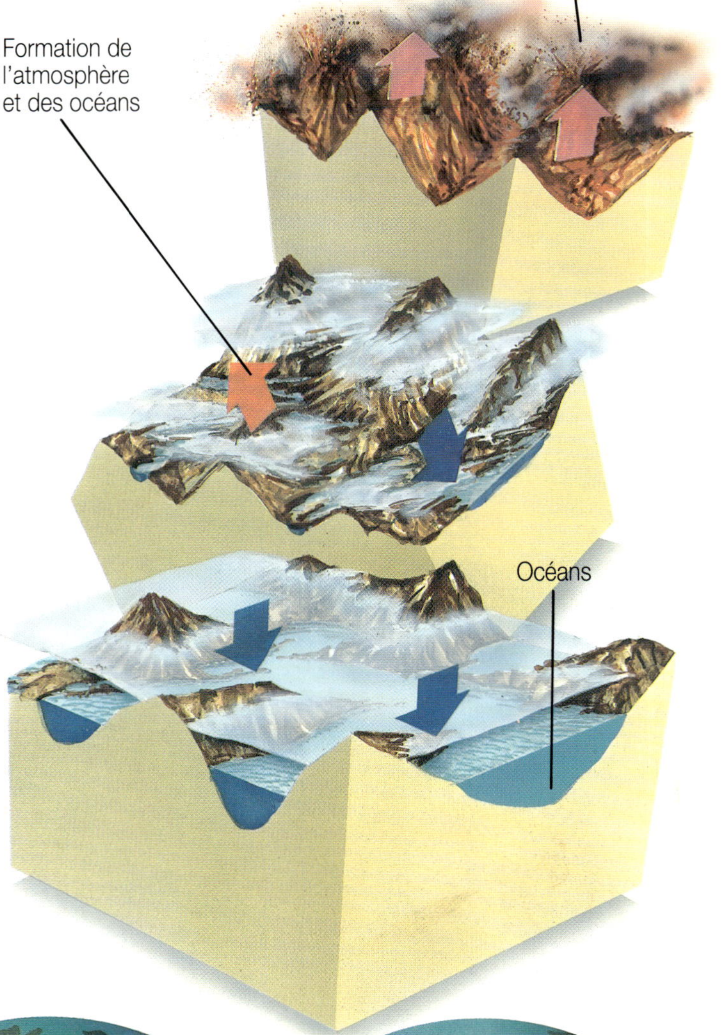

Il y a 200 millions d'années

Il y a 100 millions d'années

Il y a 50 millions d'années

L'EAU DE MER

Les océans sont encore largement alimentés en eau par les pluies. Mais l'eau n'y demeure guère, elle est recyclée. Le soleil en réchauffant les océans provoque l'évaporation de l'eau qui se répand dans l'atmosphère, s'y refroidit puis s'y condense sous forme de nuages et finit par retomber sur Terre en pluie. Celle-ci ruisselle, forme des rivières et des fleuves qui se jettent dans la mer.

L'eau de mer contribue à la régulation des températures terrestres. La mer ne perd pas aussi rapidement que le sol la chaleur solaire. Il en résulte que durant les hivers froids, la brise du large apporte de l'air chaud à la terre ferme. Les eaux fluviales apportent à la mer de nombreux minéraux dont le principal est le chlorure de sodium – le sel de cuisine – qui représente en moyenne 3,5% de la masse totale de l'eau de mer. D'autres minéraux sont les sulfates de magnésium, de potassium et de calcium; on trouve même dans la mer des traces d'or. L'eau de mer renferme également de l'oxygène dissous, essentiel à la vie des poissons et d'autres animaux et plantes marins.

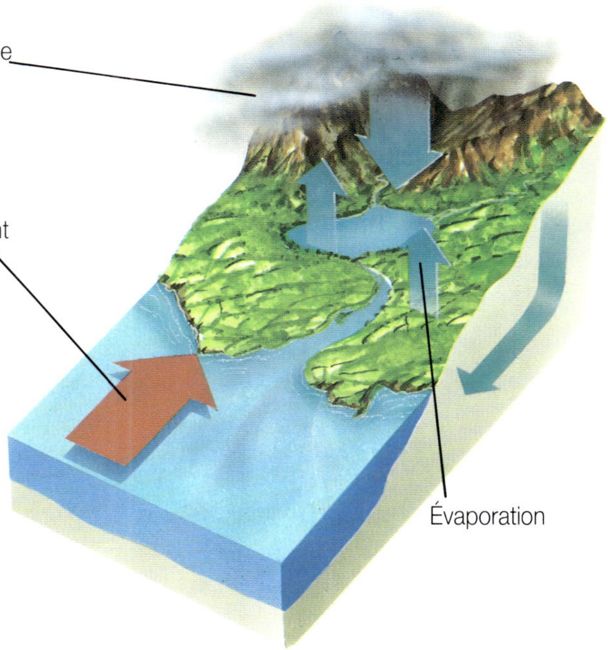

△ La circulation de l'eau sur Terre constitue un cycle. L'eau s'évapore des océans, forme des nuages qui retombent sur la terre sous forme de pluie.

▽ La mer est constituée de 96,5% d'eau. Le reste comprend des minéraux en solution dont le principal est le sel de cuisine.

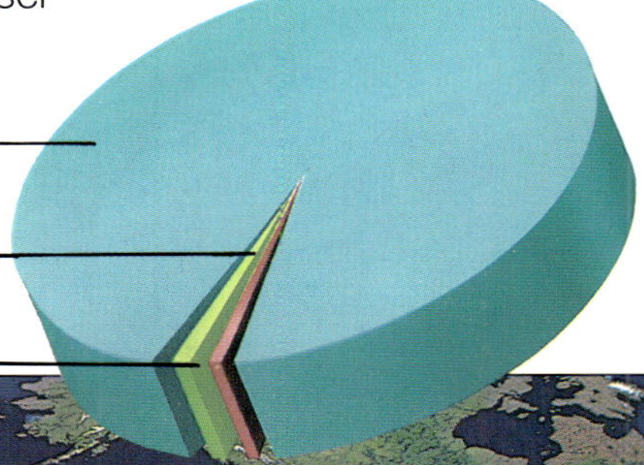

▽ À mesure de la lente dérive des continents, les dimensions et les formes des océans se sont modifiées. L'océan Atlantique s'élargit de 3 cm par an.

Actuellement

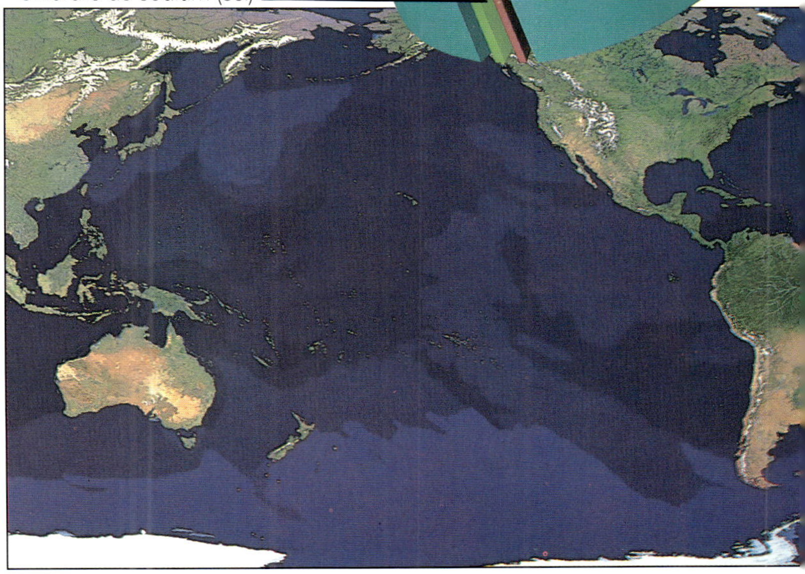

Photo par satellite de l'océan Pacifique

LA VIE DANS L'OCÉAN

Les océans recouvrent plus de 70% de la surface terrestre; leur profondeur moyenne est de 3 700 m. Toute la flore marine et la plus grande partie de la faune vivent dans des eaux relativement peu profondes à proximité de la surface. Cependant, les profondeurs océaniques recèlent bien des espèces vivantes.

Le cœlacanthe: un poisson remontant à 300 millions d'années

L'ÉVOLUTION

La vie sur Terre est née aux confins de l'océan. La mer était une «soupe» d'éléments biochimiques qui sur les roches côtières donnèrent naissance aux premières cellules vivantes. Les premiers animaux unicellulaires étaient marins. Ils évoluèrent graduellement, devinrent multicellulaires et invertébrés, tels que les mollusques, vers et coraux d'aujourd'hui.

Entre-temps, les plantes vertes qui avaient dû évoluer sur Terre contribuèrent à l'oxygénation de l'atmosphère. L'oxygène dissous dans l'eau de mer devint l'indispensable auxiliaire de la vie animale marine. Les premiers animaux marins vertébrés furent les placodermes recouverts d'écailles osseuses, qui précédèrent les amphibiens, premiers vertébrés à évoluer sur la terre ferme. L'évolution des poissons de mer se poursuivit pour s'achever par des prédateurs semblables aux requins au squelette cartilagineux et aux téléostéens actuels.

(1) Méduse
(2) Mollusque
(3) Trilobite
(4) Placoderme
(5) Rachotomes
(6) Requin primitif
(7) Birkenia
(8) Requin actuel
(9) Holostéen
(10) Poisson actuel

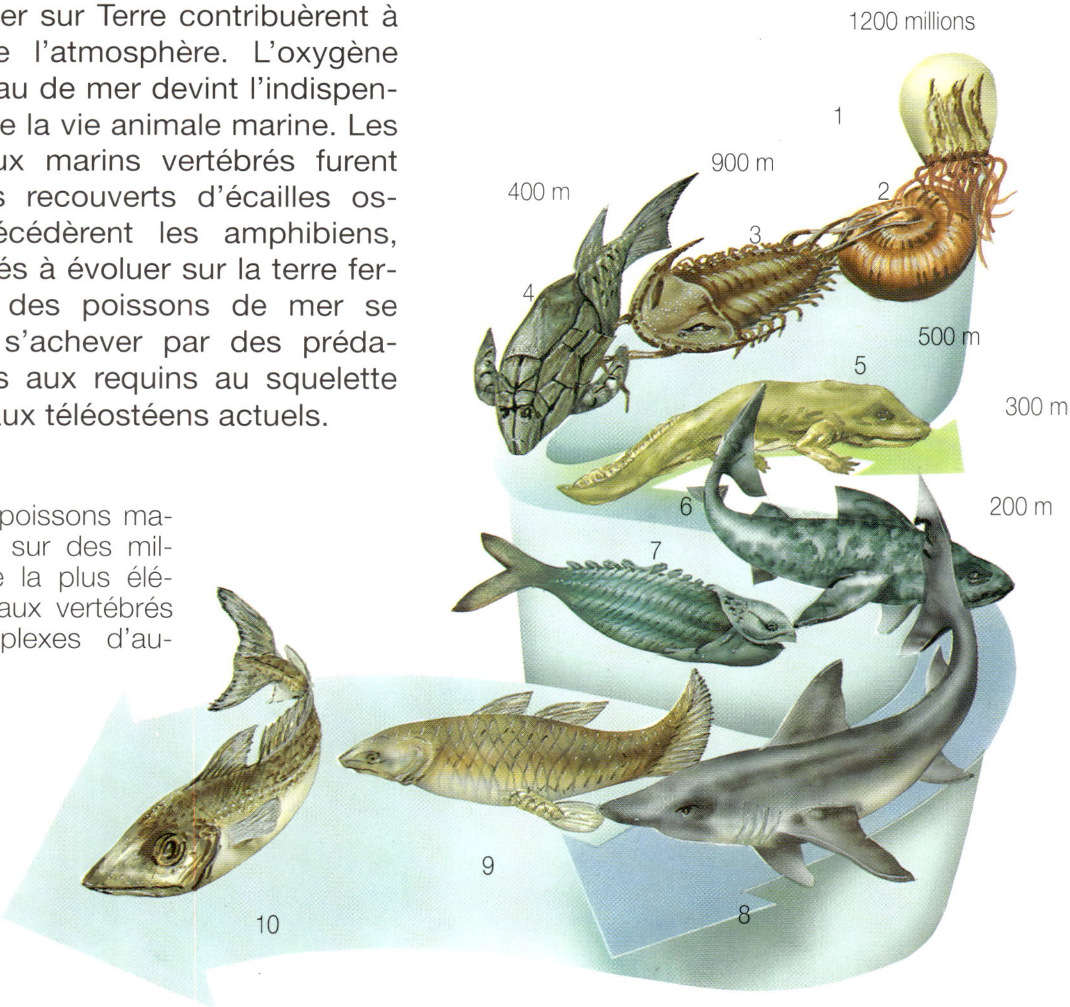

▽ L'évolution des poissons marins s'est étendue sur des millions d'années, de la plus élémentaire méduse aux vertébrés marins plus complexes d'aujourd'hui.

LA VIE AQUATIQUE

Les poissons sont de formes et de dimensions variées, du minuscule poisson-corail et de la sardine aux longues anguilles serpentiformes et aux énormes requins pèlerins. Tous ont évolué pour s'adapter au milieu aquatique qu'ils fréquentaient. Les poissons sont munis de nageoires pour évoluer dans l'eau et la plupart d'entre eux possèdent une vessie natatoire interne qui leur permet de flotter dans l'eau sans risquer de couler ni d'émerger. Les sélaciens cartilagineux, tels que le requin (à droite), ne possèdent pas de vessie natatoire. Ils coulent dès qu'ils cessent de nager. Tous les poissons ont des ouïes qui leur servent à extraire l'oxygène dissous dans l'eau et à «respirer» sous l'eau aisément. Un barracuda de 2 m par exemple peut atteindre la vitesse de 12 m/s (43 km/h) et faire volte-face sur moins de sa longueur.

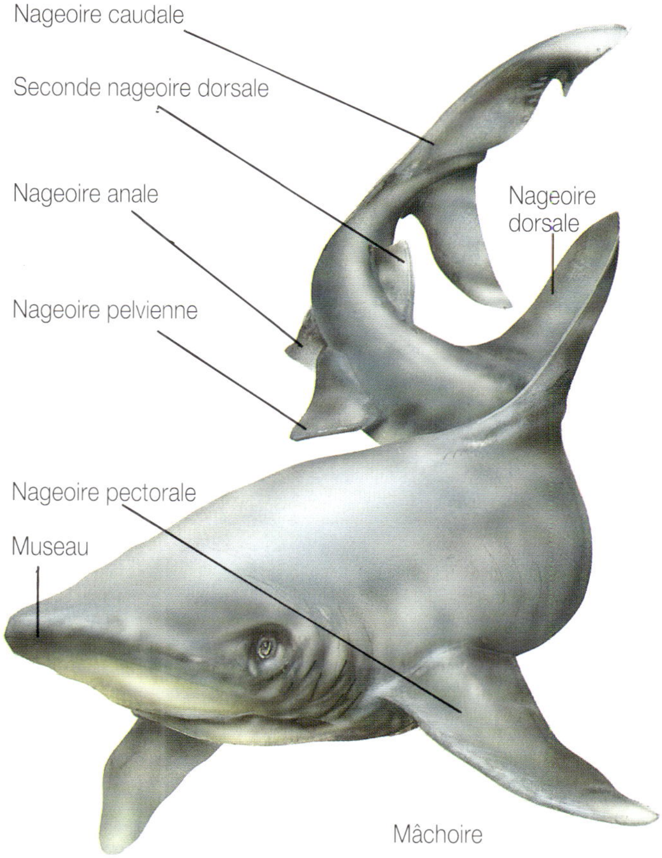

▽ Les poissons osseux (téléostéens) se maintiennent à flot à l'aide d'une vessie natatoire. Ce sac allongé situé au-dessus du tube digestif renferme de l'air. Le poisson en commande la flottabilité en faisant varier quantité et pression de l'air.

FABRIQUEZ UNE VESSIE NATATOIRE

Vous obtiendrez une idée du fonctionnement d'une vessie natatoire de poisson en constituant une maquette à l'aide d'une petite bouteille au bouchon hermétique. Remplissez d'eau un bassin, remplissez la bouteille à moitié et fermez-la. Disposez la bouteille dans le bassin: elle flotte à la surface. Ajoutez graduellement de l'eau dans la bouteille et laissez-la flotter à nouveau. Terminez l'expérience en ajoutant tout juste assez d'eau pour que la bouteille affleure.

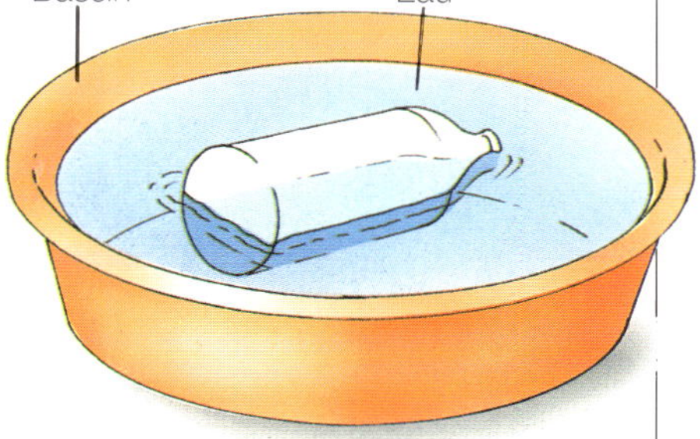

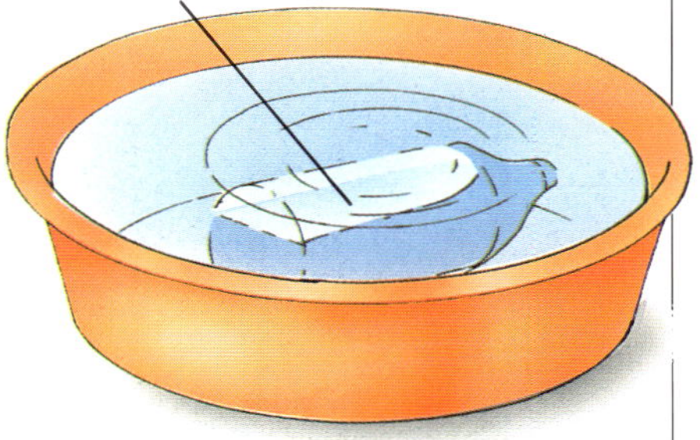

L'EAU STRATIFIÉE

Il existe des formes de vie marine (faune et flore) à chaque profondeur, des quelques mètres des hauts-fonds aux 4 000 m des plaines abyssales. La luminosité et la salinité de l'eau sont les éléments qui déterminent le type de flore et de faune que l'on trouve à chaque niveau.

LE PLATEAU CONTINENTAL

Le plateau continental est caractérisé par les eaux les moins profondes. Il prolonge la terre ferme et descend en pente douce. Sa profondeur dépasse rarement 150 m. Comme la lumière du soleil en atteint le fond, les algues se développent dans cette région appelée zone euphotique. Le plancton d'origine animale est constitué de krill et d'autres crustacés de la famille des crevettes ainsi que d'œufs et d'alevins variés.

Le krill se nourrit de phytoplancton et constitue une source alimentaire d'une série de créatures marines, des poissons de surface aux baleines. Les méduses vivent également à proximité de la surface, dérivent au gré des courants et se servent des cellules urticantes de leurs tentacules pour capturer les petits poissons dont elles se nourrissent.

▽ La profondeur de la mer varie à mesure de l'éloignement de la terre ferme. Faible à proximité de celle-ci, elle augmente ensuite.

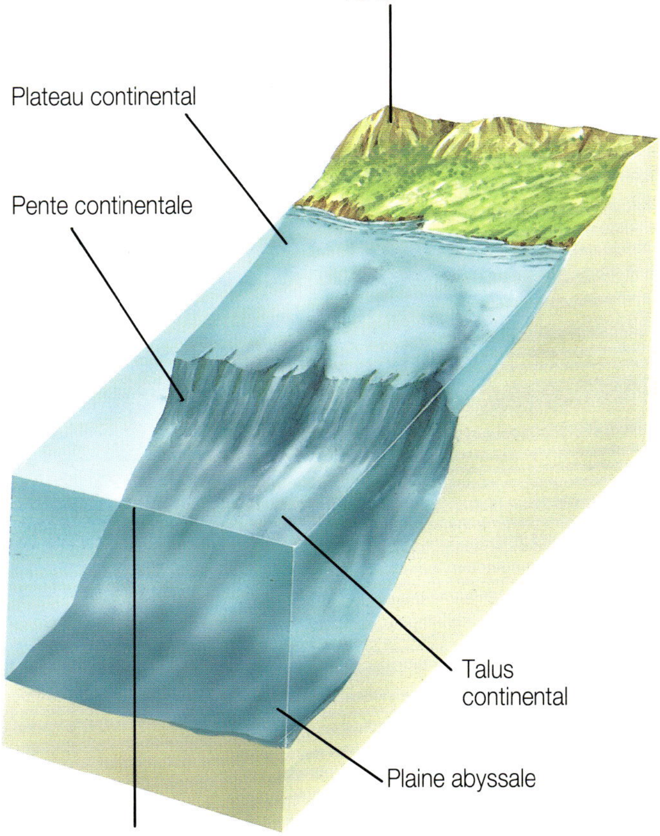

Les plateaux continentaux constituent le prolongement des continents.

▽ Étoiles de mer, crabes et autres crustacés vivent dans les eaux peu profondes. Il arrive que les requins en quête de nourriture s'aventurent dans ces régions.

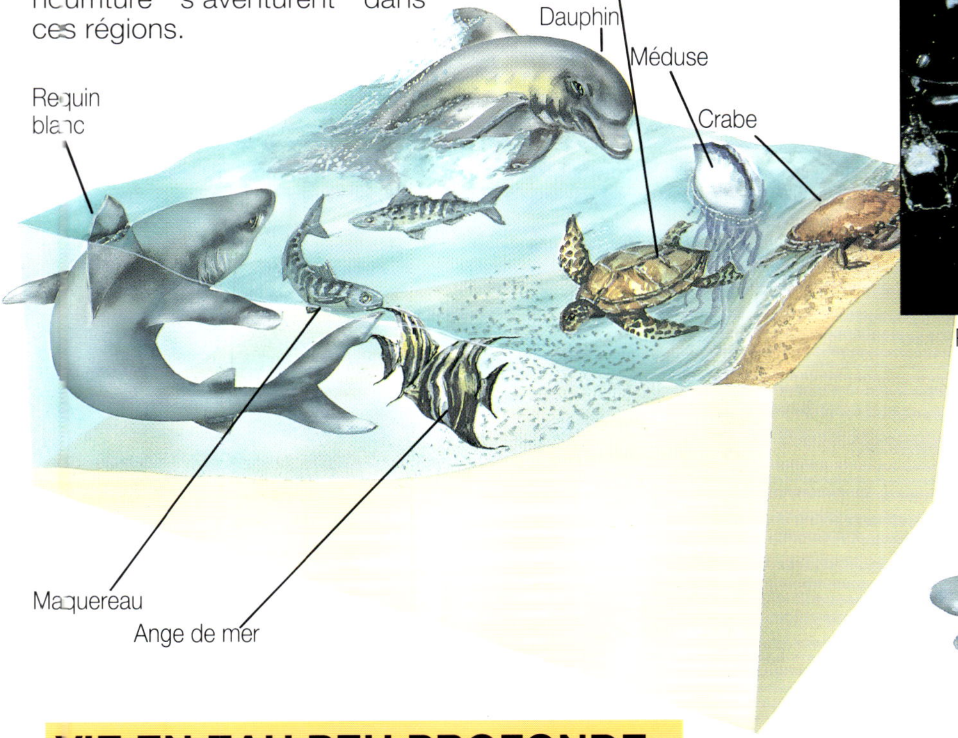

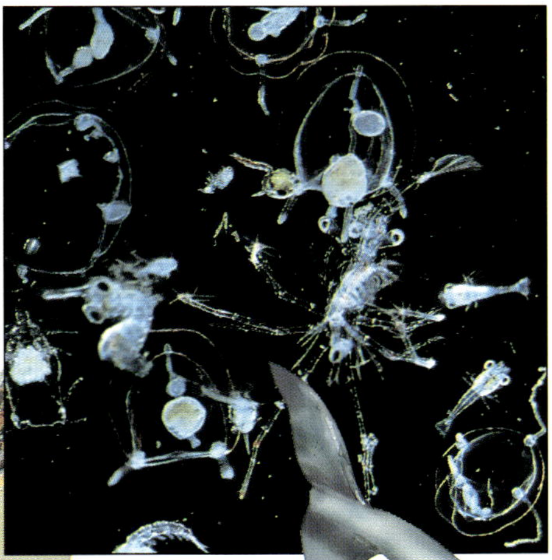

Plancton

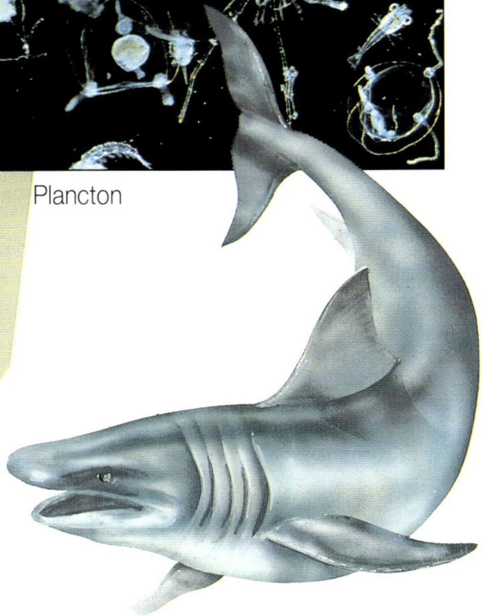

△ Hôte habituel des grandes profondeurs, le requin blanc en quête de nourriture s'aventure dans les eaux peu profondes. Le grand requin-baleine ne se nourrit cependant que de plancton.

VIE EN EAU PEU PROFONDE

La plupart des poissons vivent dans des eaux peu profondes et se nourrissent les uns des autres. Les petits poissons se déplacent par bancs pour se protéger tandis que les prédateurs, tels que le barracuda et le requin, fondent brusquement sur eux. D'autres poissons tels que les congres attendent leur proie, tapis dans les crevasses rocheuses. Les poissons plats fouillent le fond pour s'y nourrir, voire s'y tapir en cas de danger, adaptant parfois leur couleur.

La plupart des poissons prédateurs sont actifs le jour, de sorte que la nuit, le danger diminuant, d'autres poissons quittent des couches plus profondes et remontent pour se nourrir à la surface. Une partie du plancton près de la surface est luminescente de sorte que même la nuit, l'obscurité n'est jamais complète, ce qui favorise l'accès aux aliments des «chasseurs nocturnes».

Certains grands lacs, tels que la mer Caspienne et la mer Morte, sont tellement salés qu'ils ressemblent à des mers peu profondes.

Cristaux de sel dans la mer Morte

La couche océanique située sous la couche euphotique s'appelle la zone mésopélagique. Elle atteint environ 2 000 m. En dessous de la zone mésopélagique s'étend jusqu'au fond, ou plaine océanique, la zone bathypélagique qui atteint environ 5 000 m. La lumière solaire n'atteint pas ces deux couches.

LA PLAINE OCÉANIQUE

La plaine océanique n'est pas une région plate mais elle est constituée de crêtes montagneuses, de canyons et de gorges. Les montagnes de plus de 3 000 m sont courantes. Certaines d'entre elles résultent du processus de formation et d'érosion des montagnes terrestres avant leur submersion. D'autres ont été découpées par des courants sous-marins. Les versants de certains canyons ont été sculptés par des courants boueux, semblables à des avalanches sous-marines, qui ont emporté boue et sable plus loin dans la mer. Les fleuves emportent vase et autres sédiments vers la mer et ceux-ci se déposent sur le fond des océans.

Les continents et les bassins océaniques voyagent sur les plaques de l'écorce. Là où le bord d'une plaque océanique glisse sous une autre, se creuse un fossé profond.

Certains de ces fossés ont une profondeur supérieure à 10 km. Le Challenger Deep dans la fosse des Mariannes (Pacifique) par exemple atteint 10 917 m.

Photo informatisée des profondeurs océaniques

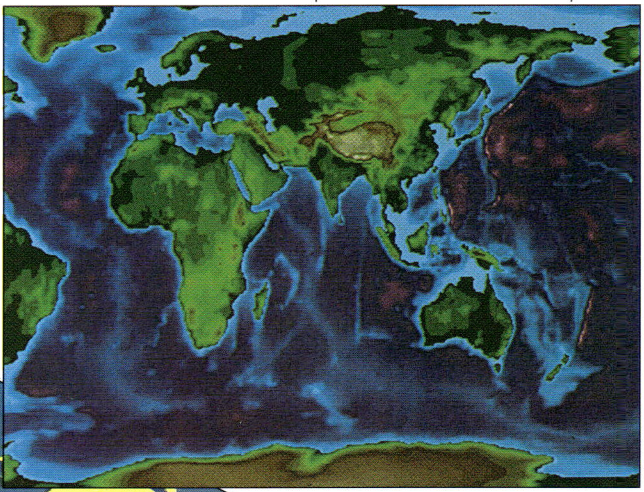

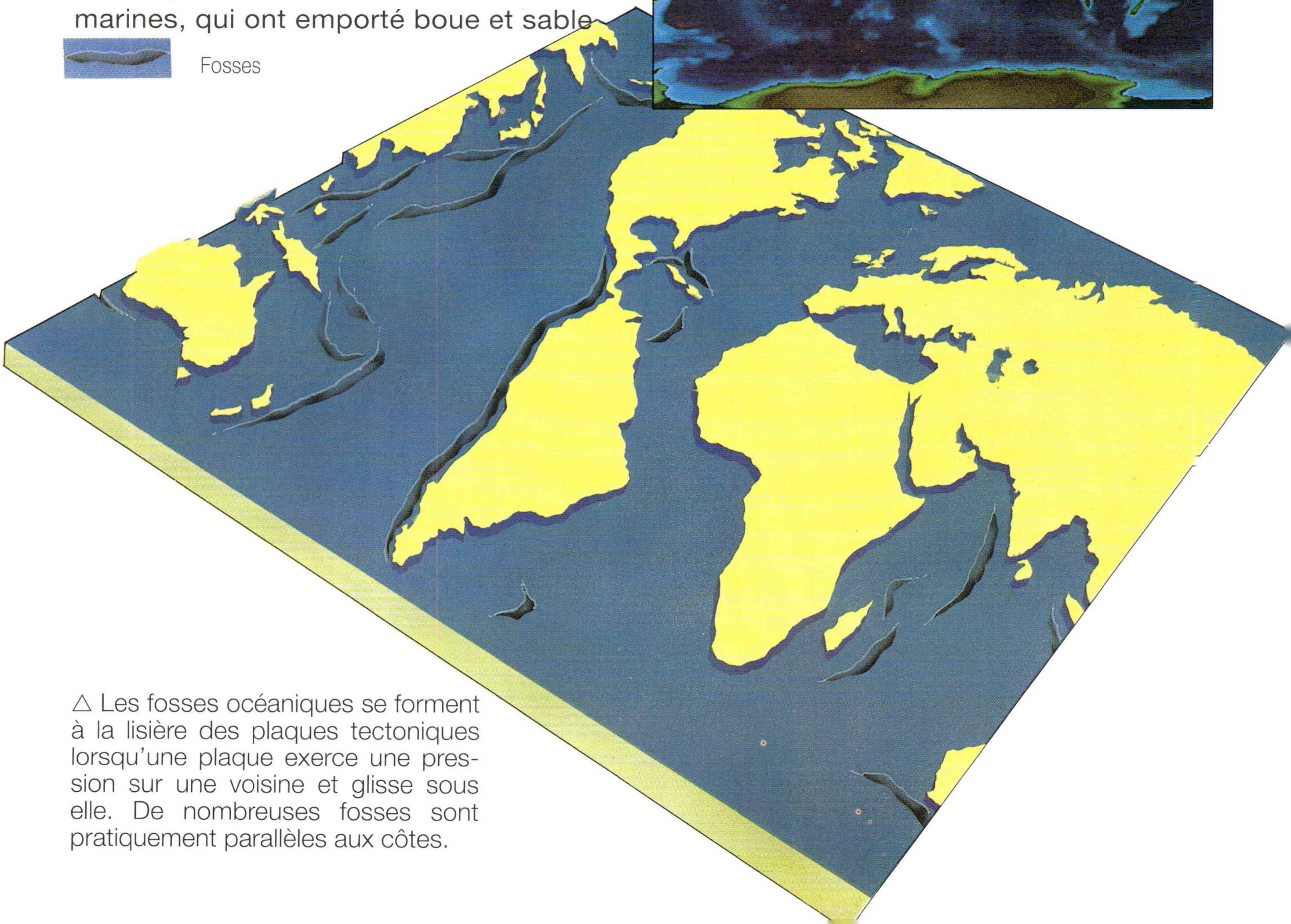

△ Les fosses océaniques se forment à la lisière des plaques tectoniques lorsqu'une plaque exerce une pression sur une voisine et glisse sous elle. De nombreuses fosses sont pratiquement parallèles aux côtes.

LA DESCENTE

De nombreux facteurs changent à mesure que s'accroît la profondeur. La lumière solaire ne peut atteindre qu'une centaine de mètres. C'est la zone euphotique. À la profondeur d'environ 1 000 m, on se trouve dans une zone crépusculaire où la visibilité est réduite à quelques mètres. La zone bathypélagique est plongée dans l'obscurité.

La température des océans s'abaisse à mesure que s'accroît la profondeur. À proximité de la surface, elle dépend essentiellement du climat, plus élevée sous les tropiques qu'aux pôles. L'évaporation et l'apport des eaux fluviales affectent également les températures de surface. Cependant, à une profondeur approximative de 2 000 m, la température descend jusqu'à environ 3°C et demeure plus ou moins constante. En effet, les courants qui pourraient brasser les eaux sont rares à cette profondeur.

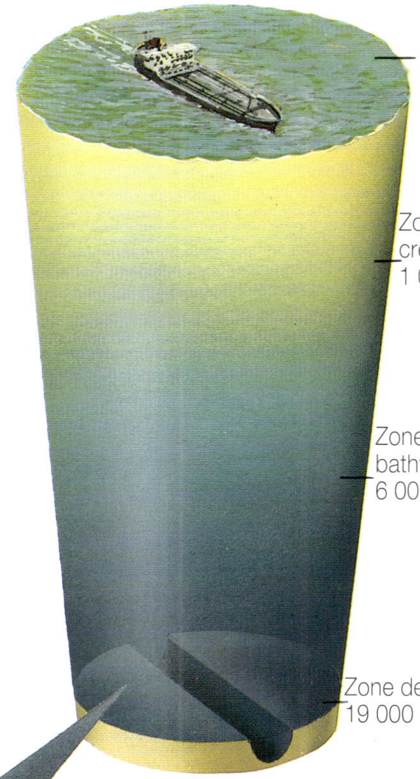

▽ L'océan est divisé en quatre zones principales. Poissons-grenouilles (1), poissons-haches (2), vipères (3) et photostomies (4) vivent tous dans les profondeurs abyssales.

LA VIE DANS LES PROFONDEURS

Les poissons vivant dans les eaux profondes se nourrissent principalement des restes d'animaux de surface qui coulent vers le fond. Certains poissons étranges habitent les régions obscures des océans les plus profonds. Bon nombre d'entre eux sont munis de grandes gueules toujours ouvertes lorsqu'ils sont en chasse. D'autres portent des taches lumineuses qui leur permettent de se reconnaître. Les poissons-grenouilles portent à l'extrémité d'un appendice surplombant leur tête un globe lumineux servant d'appât aux proies passant à proximité.

Poisson des mers profondes dans l'eau

Certaines des montagnes sous-marines sont assez élevées pour percer la surface et former des îles. D'autres îles sont constituées par des éruptions volcaniques sous-marines ou à la suite de formations coralliennes. Hawaii (à droite) par exemple est une chaîne d'îles volcaniques dans l'océan Pacifique.

▽ Là où une plaque tectonique chevauche une autre, celle-ci s'enfonce dans le manteau en une zone de subduction. La roche en fusion qui s'insinue entre deux plaques océaniques divergentes crée, elle, une crête océanique.

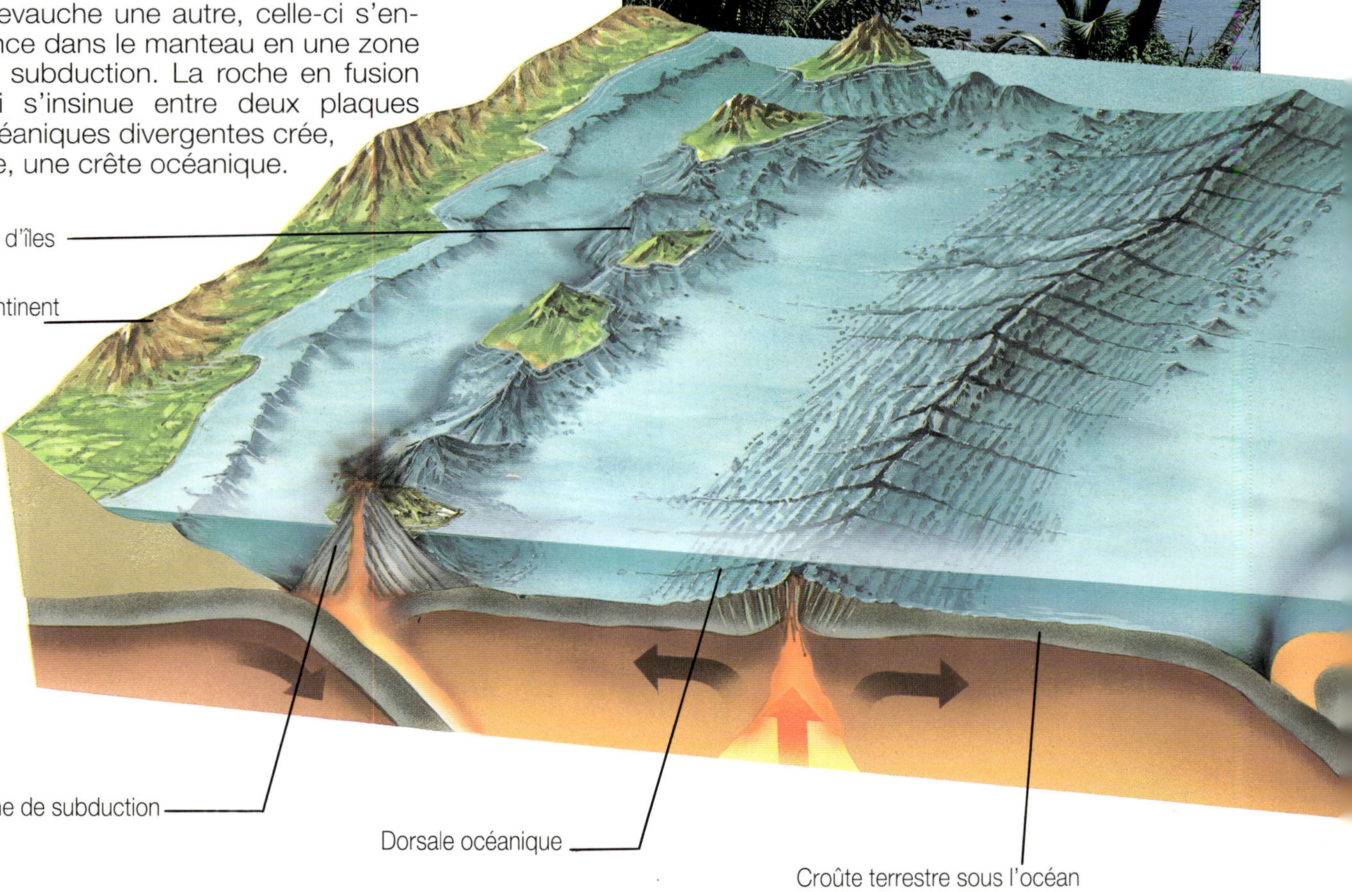

LES CRÊTES OCÉANIQUES

Au centre du fond des océans principaux, des plaques tectoniques s'écartent graduellement. Ce phénomène est dû au flux ascensionnel incessant des roches en fusion provenant du manteau et s'insinuant entre elles. À mesure du refroidissement de la lave, deux crêtes parallèles se forment et constituent les crêtes dorsales océaniques. L'ensemble du processus constitue l'expansion des fonds marins. Il provoque l'écartement graduel des plaques tectoniques. Les roches des dorsales sont les plus récentes de l'écorce terrestre. La dorsale Atlantique, par exemple, court vers le Sud à partir de l'Islande en suivant le centre de l'Atlantique, avant de s'incurver vers l'Est pour rejoindre la dorsale de l'océan Indien.

À certains endroits, les volcans s'élèvent de 1 000 m pour constituer de hautes montagnes sous-marines. Dans les zones océaniques moins profondes, ces volcans peuvent même percer la surface et constituer des îles. Les vagues peuvent araser le sommet d'une île volcanique et donner alors naissance à un guyot.

BARRIÈRE DE CORAIL

Les coraux sont de petits animaux de la famille des anthozoaires, cousins des méduses et des anémones de mer. Ce sont des polypiers à support calcaire constitué de carbonate de calcium extrait de l'eau de mer. Les squelettes de coraux morts forment progressivement des constructions rugueuses. Les coraux vivent dans des eaux tropicales bien éclairées à une profondeur inférieure à 60 m. À proximité d'un rivage, les coraux finissent par constituer un récif frangeant puis une barrière de récifs.

Il arrive que des coraux constituent des récifs frangeants entourant une île volcanique. À mesure de l'érosion du sommet du volcan, la croissance du corail se poursuit vers la surface. Finalement, l'île s'enfonce, laissant à sa place un atoll. Ce processus explique pourquoi les flancs de telles îles sont abrupts et pareils à des falaises.

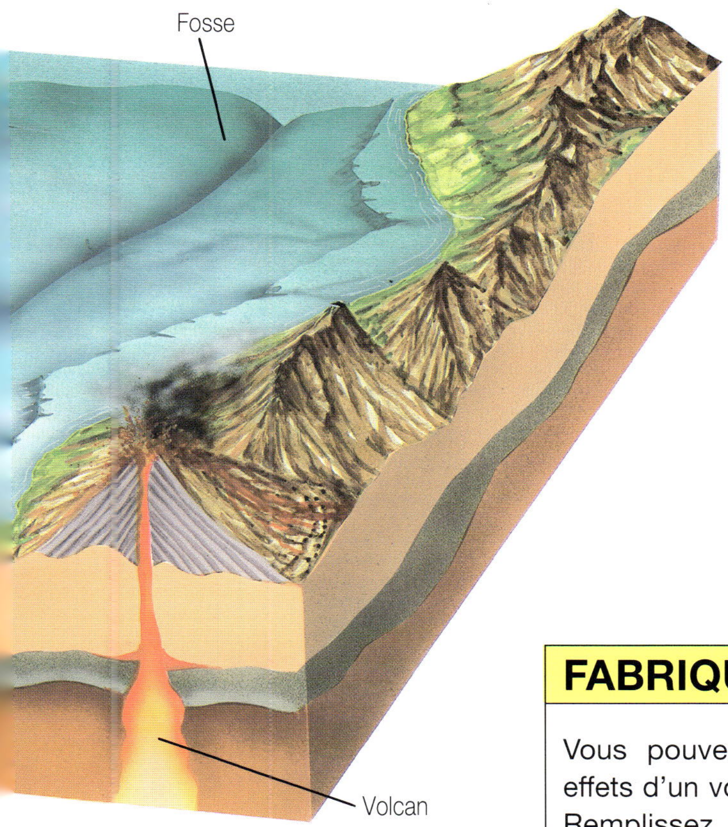

La Grande Barrière de Corail d'Australie

LE SAVIEZ-VOUS ?

Un récif de corail permet à de nombreux organismes d'y vivre en autarcie. La Grande Barrière de Corail en Australie par exemple constitue l'habitat de 3 000 espèces différentes : poissons, crabes, méduses, anémones de mer, holothuries et étoiles de mer y vivent. Les coraux eux-mêmes sont des animaux.

FABRIQUEZ UN VOLCAN SOUS-MARIN

Vous pouvez reproduire les effets d'un volcan sous-marin. Remplissez presque complètement d'eau froide un seau. Puis remplissez d'eau chaude colorée une bouteille. Fermez la bouteille et déposez-la au fond du seau. Dévissez le bouchon et observez attentivement la montée de l'eau chaude colorée jusqu'à la surface.

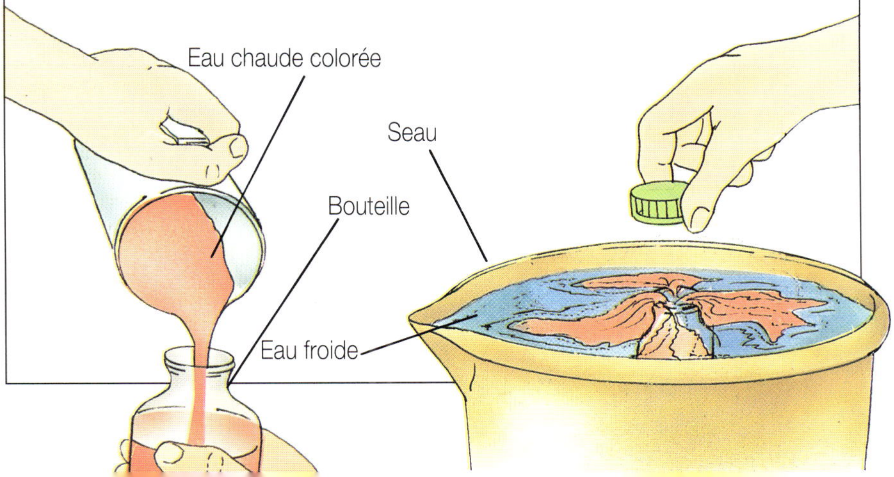

L'eau des océans est perpétuellement en mouvement. En surface, le vent fouette la mer et crée des vagues qui se propagent sur de longues distances. L'attraction de la Lune et du Soleil est responsable de la formation des marées. De surcroît, des courants sous-marins déplacent des masses d'eau autour du monde.

LE MOUVEMENT DES VAGUES

Les vagues sont causées par une succession de mouvements ascendants et descendants de l'eau. Ce n'est qu'au contact du rivage que l'eau des vagues se propage horizontalement. Les vagues ne sont que des versions agrandies des rides que vous voyez à la surface des étangs. Vous pouvez en illustrer le mécanisme en laissant flotter un bouchon de liège dans un étang et en jetant une pierre dans son voisinage. Chaque onde fait monter puis descendre le bouchon au même aplomb.

En haute mer, c'est le vent qui initie le mouvement des vagues. Les particules d'eau oscillent sous les vagues selon des trajectoires fermées. Ce n'est qu'en surface que ce mouvement peut forcer une vague à se briser ou déferler. Les vagues peuvent parcourir de grandes distances.

Les vagues qui atteignent le rivage créent des plages, érodent des falaises, altèrent progressivement la côte et emportent le sable dans l'océan.

Des falaises telles que celles de la baie de Marxien en Angleterre sont érodées sous l'action des vagues.

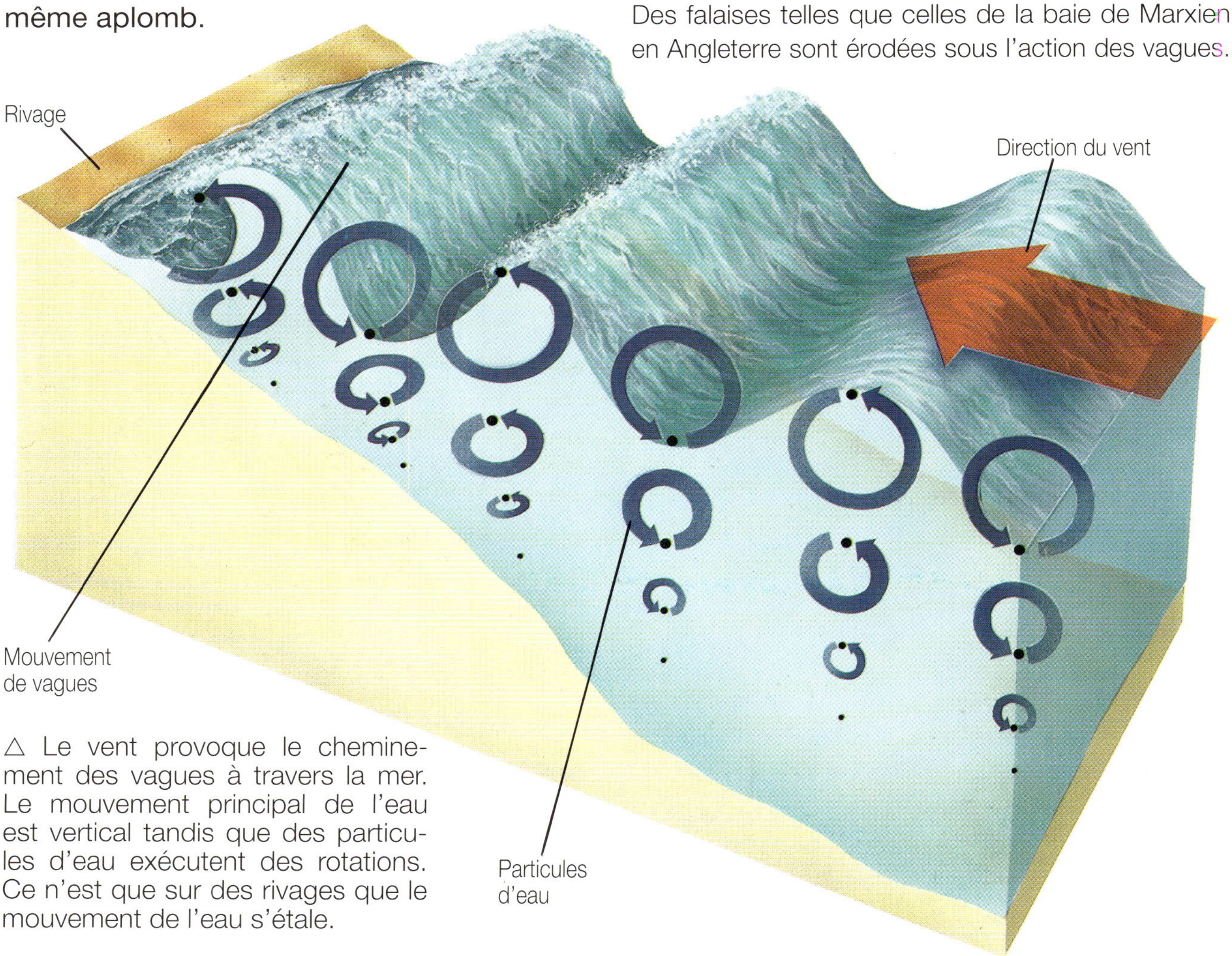

△ Le vent provoque le cheminement des vagues à travers la mer. Le mouvement principal de l'eau est vertical tandis que des particules d'eau exécutent des rotations. Ce n'est que sur des rivages que le mouvement de l'eau s'étale.

MARÉES

L'attraction de la Lune lorsque celle-ci passe au méridien s'exerce sur les eaux de l'océan, les aspire et provoque un gonflement: la marée haute. Comme la Terre tourne sur son axe, des forces centrifuges agissent sur l'eau et provoquent un bombement semblable du côté opposé. L'attraction du Soleil affecte également les océans et la résultante de toutes ces forces tend à déplacer le bombement de l'eau autour de la Terre, provoquant la montée et la descente du niveau des mers sous forme de marées.

Un effet différent, appelé le raz de marée, est causé par des séismes sous-marins. Les ondes des raz de marée sont très longues et leur vitesse atteint des centaines de kilomètres/heure. À l'approche des rivages, leur hauteur s'accroît de plusieurs mètres.

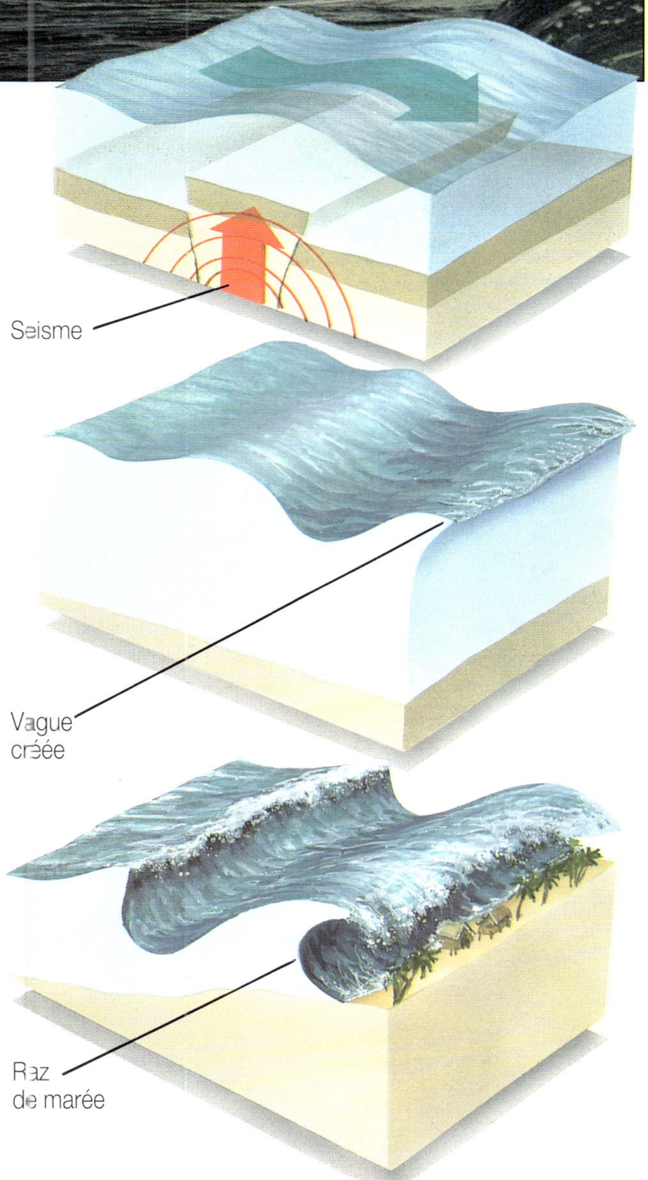

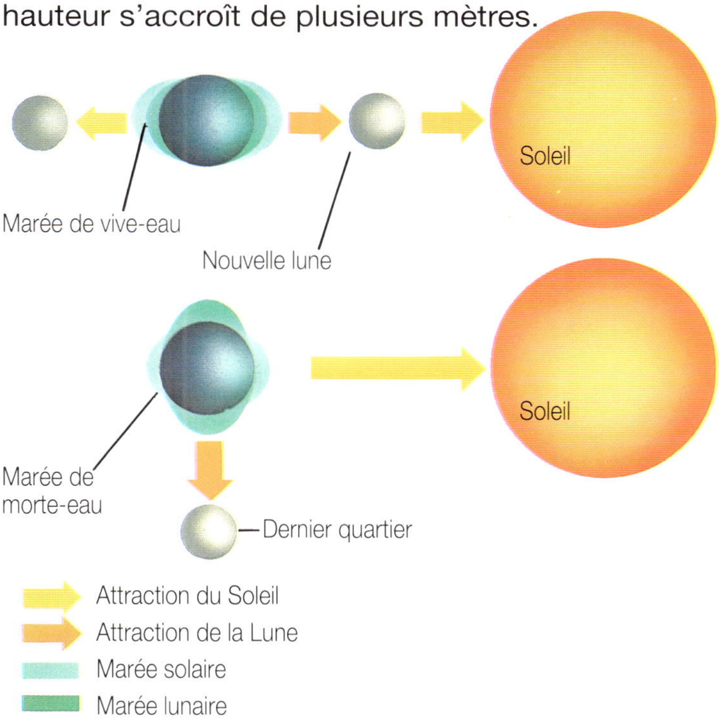

△ Les marées de vive-eau se produisent lorsque Lune, Terre et Soleil sont en conjonction, les marées de morte-eau lorsque ces astres sont en quadrature.

◁ Les raz de marée sont provoqués par des séismes sous-marins. Leurs vagues se gonflent au voisinage des côtes. Ils se déplacent à vive allure et peuvent provoquer de graves inondations.

LES COURANTS OCÉANIQUES

Les courants de surface des océans sont créés principalement par les vents dominants; la rotation de la Terre imprime à ces courants une déflexion vers la droite (hémisphère Nord) ou vers la gauche (hémisphère Sud). La forme des continents et des fonds océaniques en affecte également la trajectoire.

CIRCULATION

La circulation océanique superficielle entre 0 et 200 m, créée par les vents, donne naissance à des gyres dans chaque océan. Les eaux tournent dans le sens des aiguilles d'une montre dans l'hémisphère Nord et en sens inverse dans l'hémisphère Sud.

On distingue les courants océaniques froids et chauds. On observe également de grandes dérives océaniques permanentes mais plus ou moins accentuées suivant les saisons, le Gulf Stream par exemple qui traverse l'Atlantique vers l'Europe est plus rapide en hiver. Les courants mélangent les eaux des océans.

Un mélange se produit également lorsque le vent pousse vers le large des eaux côtières chaudes. De l'eau plus froide remonte alors du fond et occupe la place laissée libre (upwelling). L'eau de sous-surface renferme souvent des nutriments dont s'alimente la flore. Cette flore est ensuite absorbée par la faune marine, les poissons et autres animaux.

△ Les courants superficiels froids dans l'hémisphère Nord se dirigent généralement du pôle Nord vers le pôle Sud. Dans l'hémisphère Sud, l'eau froide circule autour de l'Antarctique.

Différentes températures du Gulf Stream enregistrées par un thermographe

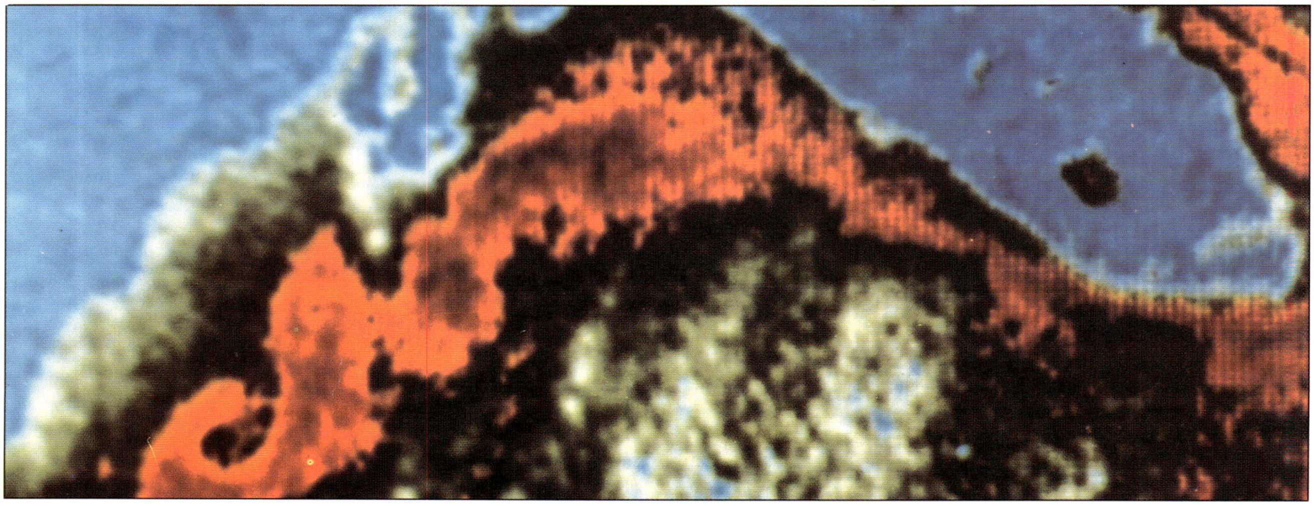

CHALEUR ET DENSITÉ

L'eau chaude est moins dense que l'eau froide et, à proximité de l'équateur, le Soleil chauffe l'eau plus rapidement qu'aux pôles. La salinité de l'eau en affecte également la densité. À mesure que l'eau s'évapore, la salinité de la mer Méditerranée augmente, la densité de l'eau résiduelle aussi. Des courants venus de l'Atlantique et de la mer Noire moins salés et moins denses se dirigent vers la Méditerranée et tendent à rétablir l'équilibre.

Un effet inverse se produit dans la Baltique. En été, l'eau douce des rivières et de la fonte des glaces afflue dans la mer, réduit la salinité de l'eau et par conséquent la densité. L'eau superficielle moins dense s'écoule alors vers le sud, créant un courant. Simultanément, un courant de sous-surface à l'eau plus salée et plus dense vient remplacer l'eau superficielle.

Glaces flottant dans l'Arctique

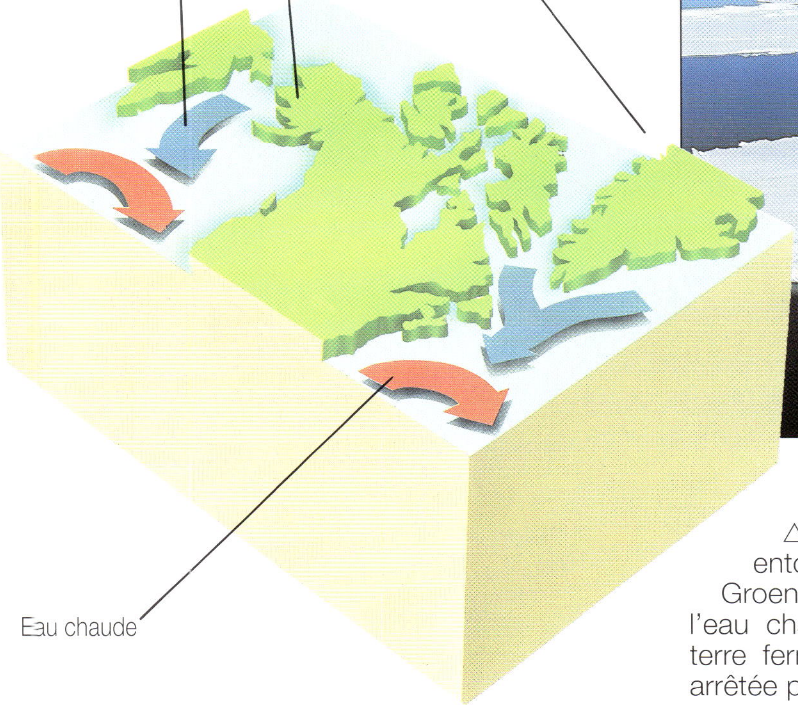

△ De l'eau de mer froide entoure l'Alaska et le Groenland. À mesure que l'eau chaude s'approche de la terre ferme, sa progression est arrêtée par le flux d'eau froide.

EXPLORATION DES FONDS MARINS

Les géographes ont dressé des cartes précises de toutes les terres émergées. Mais plus des trois quarts de la surface terrestre sont immergés et nos connaissances dans ce domaine sont inférieures à celles de la surface lunaire. Source possible d'aliments et de minéraux pour l'humanité, les océans font l'objet d'une étude approfondie.

CARTOGRAPHIE DES FONDS MARINS

Des cartes des zones marines peu profondes ont été réalisées depuis longtemps comme aide à la navigation. Elles ont été dressées par sondages, ont permis de localiser les bancs de sable, les récifs et d'autres dangers pour la navigation. Mais la profondeur des sondages était limitée par la longueur des filins disponibles. Un progrès réel n'a pu être réalisé qu'avec l'échosondage et le développement de submersibles habités ou non. L'océanographie prit alors un réel essor.

L'échosondage consiste à envoyer des ultrasons vers le fond de la mer et à mesurer le temps de retour des ondes après réflexion sur le fond. Connaissant la vitesse du son dans l'eau de mer, on peut calculer la distance parcourue par le son (tout comme d'ailleurs la profondeur, qui est la moitié de la distance totale). L'échosondeur est similaire en principe au sonar utilisé par les sous-marins pour la navigation et la détection.

Ancien planisphère

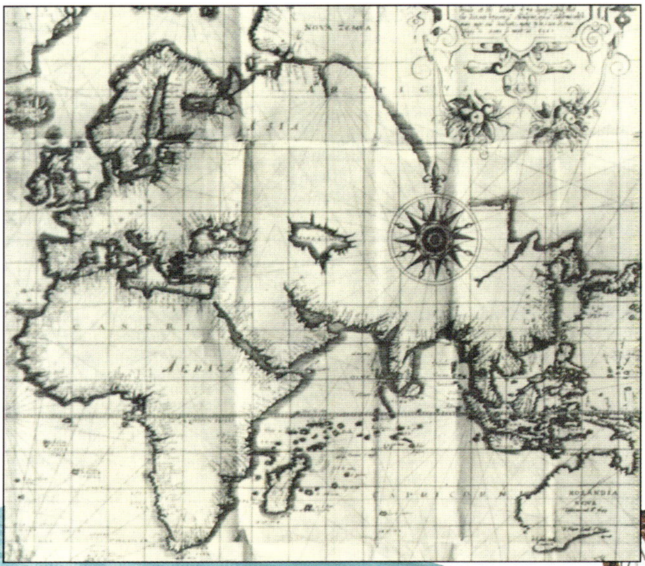

Matériel d'exploration sous-marine
(1) Sealink (2) Chambre de Perry
(3) Caméra (4) Trieste
(5) Sonde multiple
(6) Scaphandrier
(7) Submersible

SUBMERSIBLES

Les océanographes utilisent différents systèmes pour explorer les fonds marins, mais l'engin le plus polyvalent – et le plus coûteux – est le submersible habité. C'est un petit sous-marin construit pour résister aux pressions énormes des grandes profondeurs océaniques. Propulsé par des moteurs électriques, un submersible d'exploration moderne est pourvu d'un équipage de deux ou trois hommes dont un pilote. Il est équipé de projecteurs et de caméras, dont une caméra de télévision destinée à envoyer des images à la surface. Il peut être muni d'un bras manipulateur destiné à recueillir des échantillons.

Un autre moyen d'exploration est le bathyscaphe, une solide sphère d'acier pressurisée équipée de caméras et d'instruments divers. En 1960, deux spécialistes descendirent à bord d'un bathyscaphe jusqu'au fond de la fosse des Mariannes (Pacifique) à quelque 11 000 m.

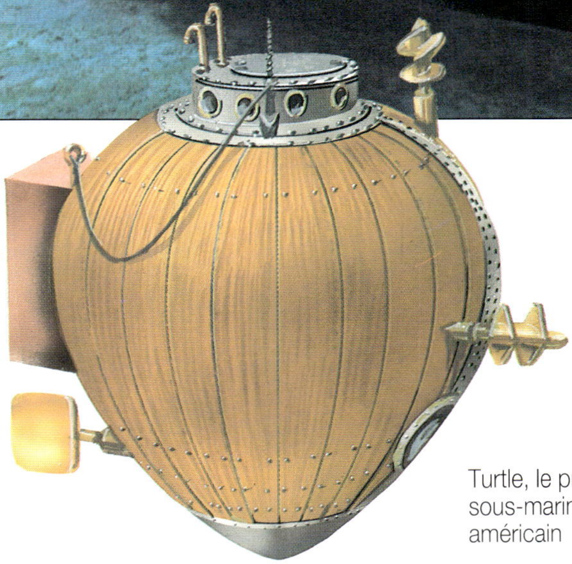

> Le submersible moderne a beaucoup évolué depuis l'invention de Turtle qui utilisait des pompes et des hélices actionnées manuellement.

Turtle, le premier sous-marin américain

SONDER LES PROFONDEURS

Pour dresser une carte du fond de la mer par sondage, déposez du gravier et des pierres au fond d'un bac d'eau. Jetez un peu de terre dans l'eau et remuez. À l'aide d'un poids suspendu à un fil, mesurez la profondeur de l'eau au-dessus des différents objets et notez les résultats.

RICHESSES MINÉRALES DES OCÉANS

Les océans recèlent des ressources minérales utiles à l'homme – bon nombre de gisements découverts sur ou sous terre ont en effet une origine marine. Les minéraux océaniques d'aujourd'hui proviennent de deux sources: les minéraux en solution dans l'eau de mer ou les gisements situés sur ou sous le fond de la mer.

▽ De nombreux dépôts de minéraux gisent à proximité des côtes. Les fleuves qui traversent des zones rocheuses riches en minerais emportent ceux-ci dans la mer où ils demeurent et forment des dépôts.

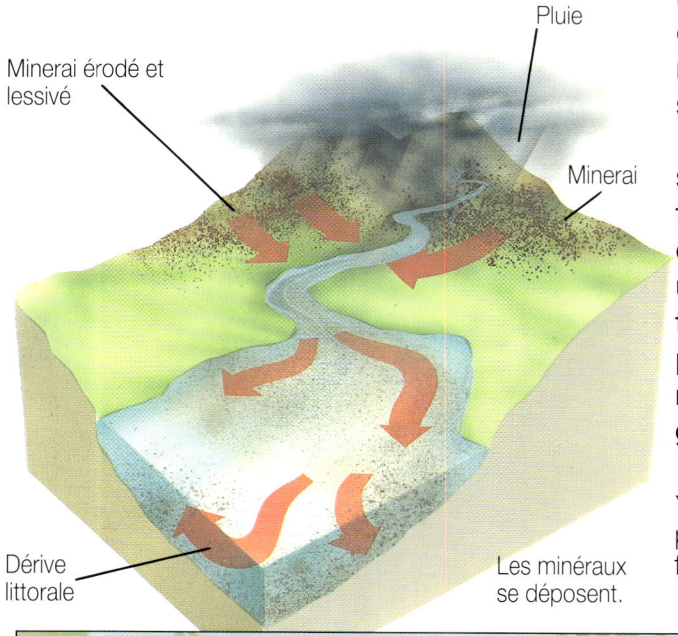

LES DÉPÔTS

Les minéraux extraits des fonds peu profonds, généralement à peu de distance du plateau continental, comprennent des minerais de cuivre, de fer, d'étain et de titane. On peut aussi trouver un peu d'or. Les minéraux non métalliques comprennent des phosphates, des sulfates, du soufre, du sable calcaire et des graviers. Les fleuves traversant des régions diamantifères, telles que celles de la côte sud-ouest africaine, transportent des diamants alluviaux provenant d'apports de ruissellement et de gravier aux environs des embouchures fluviales. Les minéraux sont récoltés par dragage ou aspirés et ramenés sur terre par des canalisations.

Les minéraux dissous dans l'eau de mer sont extraits par évaporation – une méthode très ancienne de collecte du sel – ou par des procédés chimiques. Le brome et l'iode utilisés en médecine et dans l'industrie photographique sont obtenus chimiquement. Le principal métal extrait de l'eau de mer est le magnésium utilisé dans la fabrication d'alliages légers.

▽ Cette carte montre l'emplacement des principaux minéraux. Le manganèse est extrait sous forme de nodules du fond des mers profondes.

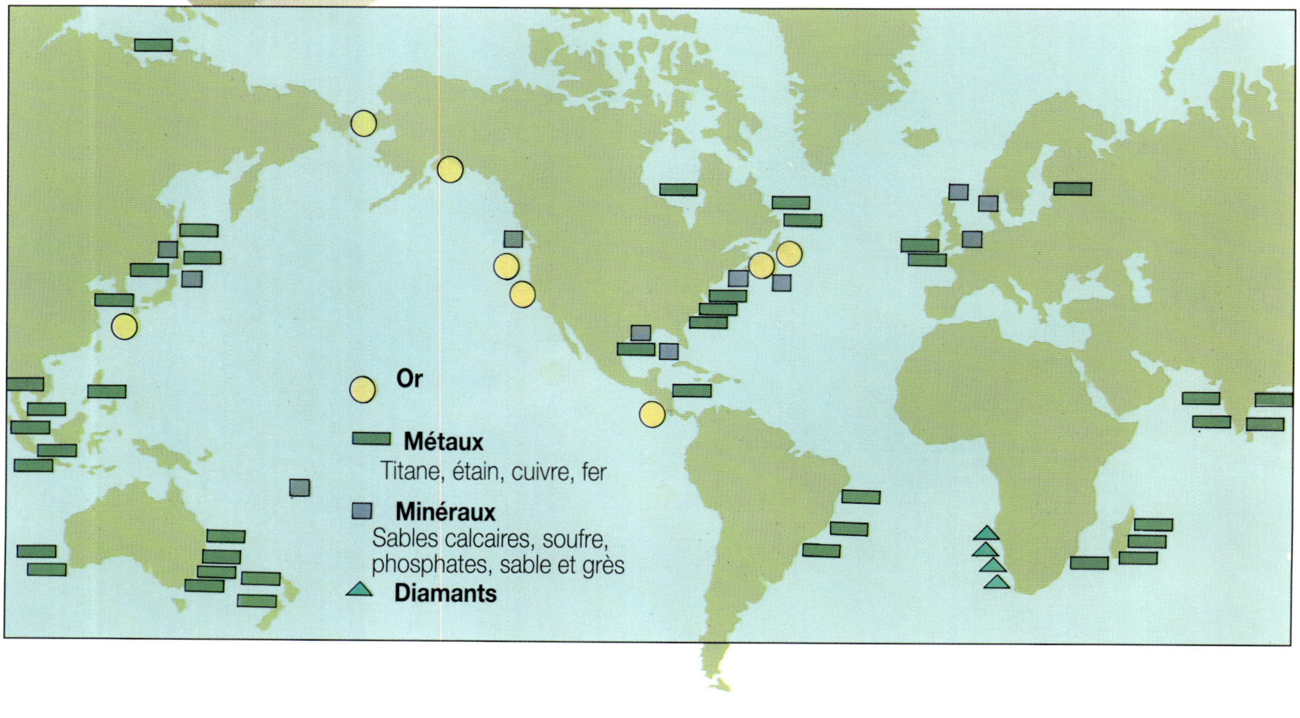

ÉVAPORATION

Dans les pays chauds, on extrait le sel de l'eau de mer en amenant celle-ci dans des mares peu profondes et en laissant le soleil provoquer l'évaporation. Vous pouvez reproduire ce procédé en ajoutant du sel dans un verre d'eau jusqu'à saturation. Versez la solution saline dans un autre verre à un endroit chaud, près d'un radiateur par exemple. À mesure que l'eau s'évapore, des cristaux de sel se forment.

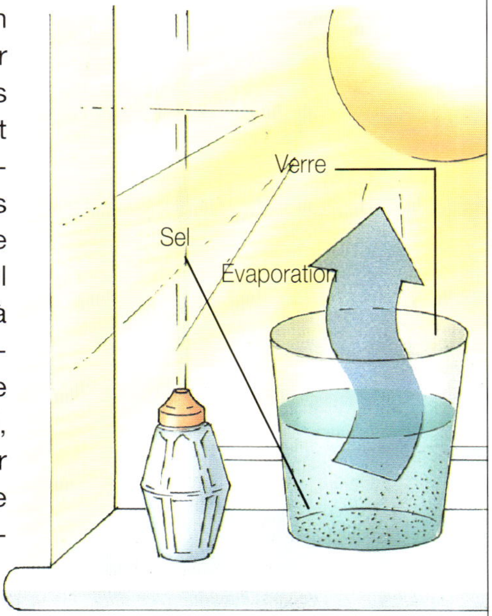

Obtention de sel par évaporation d'eau de mer

▽ Pétrole et gaz se sont formés il y a des millions d'années par la décomposition des restes d'animaux et de plantes, enfouis au fond de la mer et soumis à l'action de la chaleur et de la pression.

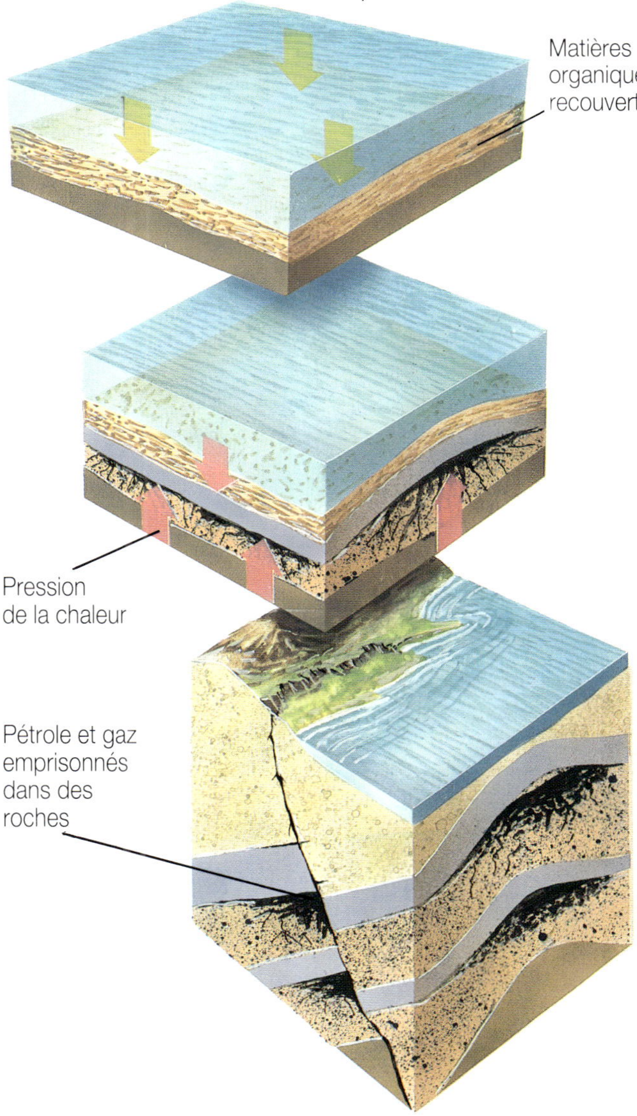

PÉTROLE ET GAZ

Certains des minéraux les plus importants découverts sous le fond des mers sont le pétrole et le gaz naturel, sources importantes de combustibles tels que le kérosène et l'essence et servant aussi de matières premières en pétrochimie – des médicaments et teintures aux plastiques et explosifs.

Ces énergies dites fossiles se sont constituées il y a des millions d'années, à partir des restes de créatures marines. Normalement, lorsqu'une plante ou un animal meurt, des bactéries provoquent la pourriture et la dégradation des restes. Mais pour remplir leur rôle, de telles bactéries ont besoin d'oxygène. Or, celui-ci faisait défaut dans l'atmosphère primitive. Les restes d'organismes morts s'enfoncèrent donc dans les mers où l'oxygène est rare ou inexistant et des bactéries d'un type différent se chargèrent de les transformer en hydrocarbures. Des couches d'argile et de boue calcaire s'accumulèrent sur ceux-ci, puis la pression et la chaleur les transformèrent lentement en pétrole et en gaz. L'exploitation de ces gisements se fait par forage puis pompage.

LA MER NOURRICIÈRE

Le poisson constitue une excellente source de protéines; depuis des siècles, il a servi d'aliment à l'homme et aux animaux. De nos jours, il est traité dans des usines pour fabriquer des aliments pour le bétail et les animaux de compagnie. Les mollusques tels que les coquillages et les crustacés sont également capturés et mangés.

Un chalutier de haute mer moderne

LA PÊCHE CÔTIÈRE

La plupart des zones de pêche les plus importantes du monde sont localisées dans les eaux côtières peu profondes. Sur le plateau continental, la remontée de nutriments des eaux plus profondes et plus froides fournit un excellent habitat nourricier à la faune marine. Près de 70% du poisson commercialisé est capturé dans l'hémisphère Nord. Harengs et cabillauds par exemple sont chalutés dans le froid de l'Atlantique Nord et les sardines dans les eaux plus chaudes de la Méditerranée. La zone de pêche la plus riche du monde se situe entre le Japon et les Philippines.

Pendant longtemps, la plupart des poissons capturés dans l'hémisphère Sud provenaient des eaux côtières du Pérou. Les anchois constituaient l'essentiel des prises. Mais un nouveau courant marin chaud a ruiné les zones de pêche de cette région.

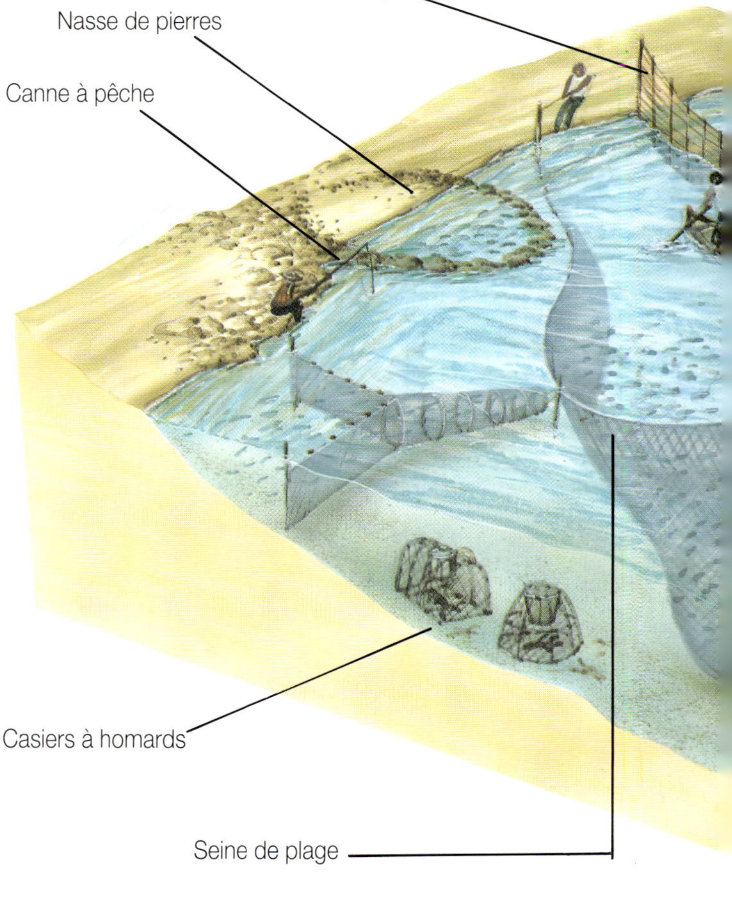

Pêcheurs sud-américains utilisant des filets simples

SURPÊCHE

Les bateaux de pêche modernes sont très performants. Ils sont munis d'un sonar permettant de détecter les bancs de poissons et d'émetteurs-récepteurs radio leur fournissant les informations les plus récentes sur les conditions météorologiques et la localisation des bancs. Mais la mer ne renferme qu'une quantité limitée de poissons et le risque de surexploitation est réel. En d'autres termes, le taux de reproduction risque de devenir inférieur à celui des captures.

Vers la fin des années 1980, les grandes pêcheries ont capturé annuellement 80 millions de tonnes de poissons. Les experts pensent que moyennant un contrôle international efficace, les captures annuelles ne devraient jamais dépasser 120 millions de tonnes. Pour imposer ce contrôle, les nations maritimes sont entourées d'eaux territoriales où la pêche est interdite aux étrangers. De nombreux pays ont étendu ces eaux à 320 km de leurs côtes pour protéger leurs réserves halieutiques.

▽ Le poisson peut être capturé par des individus pêchant à la ligne, au filet et à la nasse ou encore par des équipages de chalutiers pêchant à la traille, à la seine ou au filet maillant.

▽ Cette carte montre les principales zones de pêche. Cinquante pour cent des prises commerciales proviennent des régions côtières marquées en rouge.

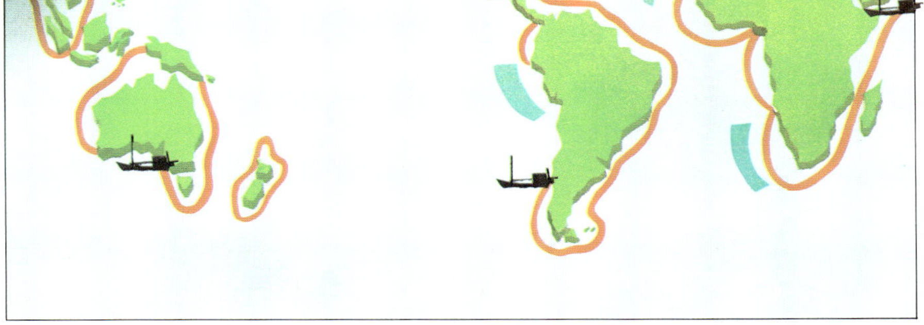

L'ÉNERGIE DES OCÉANS

La crise de l'énergie sévit actuellement. Les combustibles fossiles (houille, pétrole et gaz) ne sont pas inépuisables. L'énergie nucléaire présente des dangers. Le mouvement perpétuel des marées et de la houle ainsi que les différences de température au sein des océans constituent une vaste source d'énergie inexploitée.

ÉNERGIE MARINE

La houle a une énergie considérable. Au cours d'une tempête par exemple, les vagues qui s'écrasent sur la côte peuvent détruire les digues. Mais comment domestiquer cette énergie? Deux expériences ont été tentées qui se basent sur le fait qu'au passage d'une vague, l'eau monte et descend. L'une de ces expériences fait appel à un long ponton ancré en mer et surmonté d'un coussin pneumatique. Au passage d'une vague, l'air est forcé dans le coussin où il actionne alors une turbine qui entraîne une génératrice. Un autre type de machine exploitant l'énergie houlomotrice est constitué d'une longue ligne de flotteurs en forme de poire. L'action de la houle les fait monter et descendre et ce mouvement est utilisé pour actionner une génératrice.

Les marées constituent une autre source d'énergie hydraulique. Des turbines hydrauliques tournant à bas régime sont fixées dans un barrage en travers de l'embouchure d'un fleuve. Ces turbines tournent lorsque la marée monte et lorsque la marée descend. Les turbines hydrauliques sont utilisées pour actionner des génératrices.

Baie de Fundy au Canada

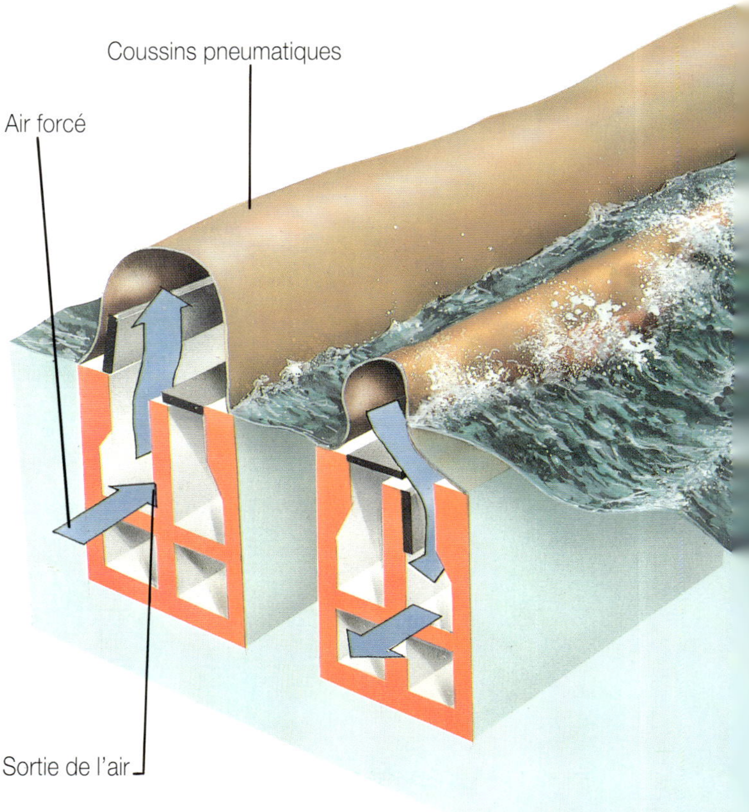

△ Des modèles expérimentaux ont été construits qui domestiquent l'énergie houlomotrice et marémotrice. Les génératrices actionnées par la houle doivent être situées en mer où elles peuvent constituer un danger pour la navigation. Les usines marémotrices sont construites sur la côte ou à l'embouchure des fleuves.

Flotteur de Salter à l'université d'Édimbourg

ÉNERGIE THERMIQUE

Sous les eaux de surface relativement chaudes, la température de l'eau de mer décroît rapidement à mesure qu'augmente la profondeur (page 13). La différence de température entre l'eau de surface et celle des profondeurs peut être exploitée pour de l'énergie. Les Américains, comme les Japonais ont mis au point des projets de conversion de l'énergie thermique marine (OTEC).

L'eau chaude de surface est acheminée par un tube. La chaleur de l'eau de mer est utilisée pour faire bouillir un liquide – de l'ammoniaque – dont le point d'ébullition est très inférieur à celui de l'eau. Le gaz dégagé joue le rôle de la vapeur dans les centrales électriques à vapeur classiques. Il est ensuite condensé par refroidissement au contact d'eau froide pompée dans les profondeurs marines. Des projets de ce genre constituent un moyen peu onéreux de produire de l'électricité dans des pays tropicaux bordés par des mers chaudes.

Modèle de machine houlomotrice en Écosse

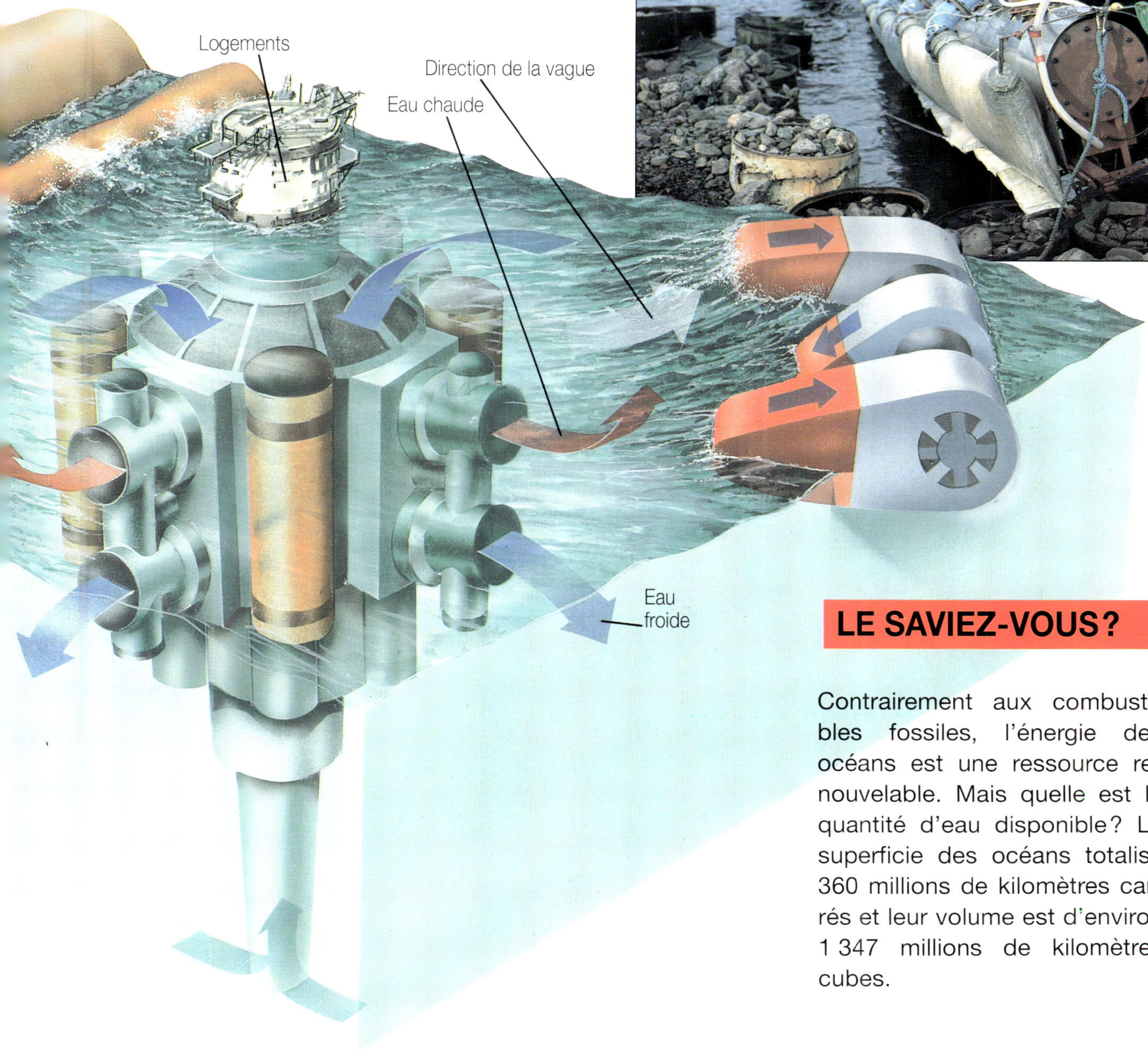

LE SAVIEZ-VOUS?

Contrairement aux combustibles fossiles, l'énergie des océans est une ressource renouvelable. Mais quelle est la quantité d'eau disponible? La superficie des océans totalise 360 millions de kilomètres carrés et leur volume est d'environ 1 347 millions de kilomètres cubes.

28 MENACES SUR LES OCÉANS

Parce qu'ils étaient si vastes, les océans ont servi de dépotoirs pour les immondices, eaux d'égouts et déchets industriels. La pollution a été accrue aussi par des déversements accidentels de pétrole. Mais les effets à long terme sur la faune et les poissons en particulier pourraient avoir des conséquences désastreuses pour l'humanité.

L'OCÉAN EN MUTATION

La pollution atmosphérique et les taux croissants d'anhydride carbonique dans l'atmosphère (à la suite du brûlage des forêts et de l'utilisation de combustibles fossiles) augmentent l'effet de serre. Celui-ci peut à son tour provoquer le réchauffement global: augmentation des températures moyennes dans le monde. Un résultat de ce réchauffement pourrait être la fonte des glaces polaires. La salinité des océans serait modifiée et le niveau des mers s'élèverait, inondant de vastes zones de terre ferme.

Le déversement des eaux usées dans les mers en modifie les taux d'oxygène et de nutriments. Le plancton peut prospérer pendant un certain temps, mais le phytoplancton – cette flore microscopique, source primaire de l'alimentation des créatures marines – finira par disparaître, ce qui pourrait provoquer une réduction de la vie marine.

Plancton au large de la côte néo-zélandaise

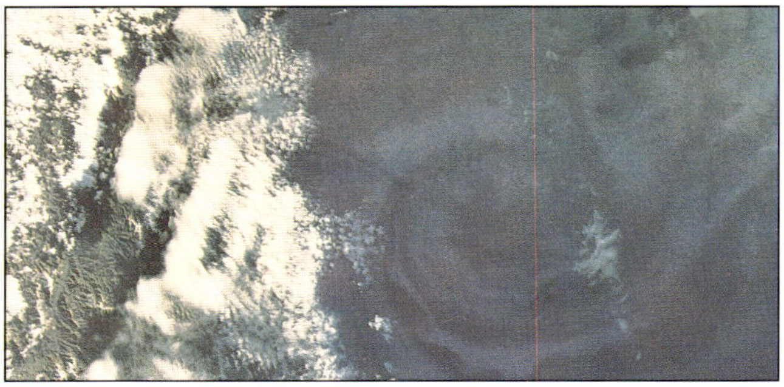

▷ À la fin de la dernière glaciation, l'énorme calotte glaciaire recouvrant la Scandinavie commença à fondre. La grande quantité d'eau provenant de cette fusion provoqua l'élévation du niveau des mers et ultérieurement la formation du lac Baltique.

Nettoyage d'une côte polluée par du pétrole

EXPÉRIENCE

L'une des méthodes utilisées pour traiter le pétrole déversé est l'utilisation de détergents. Pour en vérifier l'action, versez un peu d'huile dans de l'eau. Ajoutez-y du détergent liquide et observez la dispersion de l'huile.

POLLUTION CHIMIQUE

Le brut déversé par des navires ou par des pétroliers constitue une menace importante pour les océans. Le pétrole déversé dérive vers les côtes, et les plages se couvrent d'une boue qui englue les plumages des oiseaux et empoisonne ceux-ci lorsqu'ils tentent de se nettoyer. Les scientifiques ont imaginé des moyens de combattre les effets des déversements, mais le meilleur moyen demeure de les éviter.

Plus dangereux encore sont les produits chimiques toxiques déversés en mer et en particulier des métaux lourds tels que le cadmium, le plomb et le mercure. Au cours des années 1950 et 1960, les industries chimiques japonaises ont déversé 600 t de composés mercuriels dans la baie de Minamata. Ces produits se sont accumulés dans la chair des poissons que les indigènes ont ensuite consommés. Ces hommes sont tombés malades et sont morts tandis que des enfants naquirent avec des déformations. Cet exemple devrait suffire et provoquer l'interdiction internationale de déversements de tout produit chimique en mer.

Rejet de déchets industriels dans une rivière

CROYANCES ANCIENNES

Les océans recèlent de nombreuses inconnues. Il y a des siècles, on en savait très peu sur notre Planète et les océans, et l'on croyait que la Terre était une grande île plane au milieu d'une mer illimitée. Les gens croyaient également que la mer était le repaire de différentes sortes de monstres épouvantables comme le kraken.

Le kraken, un monstre marin norvégien

Carte ancienne avec des monstres

Une croyance ancienne révèle l'existence d'un serpent de mer de plusieurs mètres de longueur. On croyait qu'il attaquait les navires et dévorait les marins. Le calmar géant était aussi un mythe jusqu'au jour où l'on en découvrit quelques cadavres. Nous savons maintenant que les calmars géants peuvent atteindre 18 m et se déplacer dans l'eau à 50 km/h. Ils possèdent deux longs tentacules et huit plus petits. On pense que ces tentacules sont à l'origine du mythe du serpent de mer.

Un autre mythe moins effrayant est celui de la sirène. Mi-femme, mi-poisson, elle s'apparente à d'autres figures mythologiques grecques. On pensait que les sirènes attiraient les marins par leur chant pour les noyer ensuite. Une autre créature peut avoir donné naissance à ce mythe. Le dugong ou vache marine est un grand mammifère marin, herbivore vivant dans les eaux peu profondes des côtes africaines, asiatiques et australiennes. Sa peau est lisse et les femelles possèdent de petits seins qui peuvent évoquer ceux d'une femme.

Dans la mythologie grecque les monstres des profondeurs étaient, croyait-on, commandés par Poséidon, dieu de la mer et frère de Zeus. Les gens croyaient que les monstres étaient les descendants des dieux et des hommes. L'équivalent de Poséidon était Neptune dans la mythologie romaine. Il était dépeint en compagnie de dauphins, brandissant un trident. On le représente parfois doté d'un tronc humain et d'une queue de poisson, un peu comme une sirène mâle. On admettait généralement que les dauphins descendaient de l'homme. Nous savons maintenant qu'après celui-ci, le dauphin est le mammifère le plus intelligent.

Les sirènes séduisaient les marins pour les noyer.

Atoll
Île des mers tropicales, formée de récifs coralliens qui entourent une lagune centrale, dite lagon

Bathypélagique (Zone)
La couche la plus basse des eaux océaniques dont la profondeur dépasse 2 000 m

Bathyscaphe
Appareil sphérique destiné à conduire des observateurs dans les grandes profondeurs sous-marines

Conjonction
Se dit de deux astres colinéaires avec la Terre

Effet de serre
Ralentissement de l'évacuation de la chaleur fournie par le Soleil à la Terre, causé par la présence de l'atmosphère. Cet effet rend la vie possible sur Terre. Le renforcement de l'effet de serre causé par la présence de polluants gazeux dans l'atmosphère risque de provoquer un réchauffement terrestre – dit réchauffement global – aux conséquences néfastes, voire désastreuses.

Euphotique (zone)
Couche supérieure des eaux océaniques (ou d'un lac) s'étendant jusqu'à une profondeur de 150 m, où parvient à pénétrer la lumière du soleil

Guyot
Montagne sous-marine, d'origine volcanique, au sommet aplati par l'érosion marine

Gyre
Courant rotatif

Hydrocarbure
Composé chimique de carbone et d'hydrogène; le pétrole et le gaz naturel sont des hydrocarbures.

Krill
Animaux microscopiques ressemblant à des crevettes, vivant sur le plancton et servant d'aliments aux poissons et à d'autres animaux marins

Marée
Mouvement oscillatoire du niveau de la mer dû à l'attraction de la Lune et du Soleil sur les particules liquides des océans

Marée de morte-eau
Marée survenant lorsque l'attraction de la Lune et du Soleil se contrarient parce que survenant lorsque le Soleil et la Lune sont en quadrature, c'est-à-dire, dont les directions, vues de la Terre, forment un angle droit

Marée de vive-eau
Marée survenant lorsque l'attraction de la Lune et du Soleil s'ajoutent parce que ces astres sont en conjonction avec la Terre

Phytoplancton
Organisme microscopique vivant à ou près de la surface de la mer

Plateau continental
Prolongement en pente douce dans la mer du continent

Salinité
Mesure du taux de sel dans l'eau de mer

Submersible
Sous-marin de taille réduite spécialement conçu pour l'exploration des mers

Upwelling
Remontée d'eaux froides profondes le long de certains littoraux

Vessie natatoire
Sac situé à l'intérieur du corps des poissons téléostéens leur permettant de contrôler la profondeur de leur déplacement

Origine des photographies:
Couverture et pages 15, 16, 24 (en bas), 26 (en haut) et 29 (en bas): Spectrum Colour Library; page 5: Eye Ubiquitous; pages 7, 12, 17, 19, 23, 26 (en bas), 27 et 28: Science Photo Library ; pages 8, 13 et 29 (en haut): Frank Spooner Pictures; pages 11 (en haut et en bas): NHPA; page 14: J. Allan Cash Photo Library; page 18: National Maritime Museum Picture Library; page 20: Topham Picture Source; pages 21 et 24-25: Bruce Coleman Limited; page 30 (en haut à gauche): The Hulton Picture Company; page 30 (en haut à droite et en bas): Mary Evans Picture Library

PRINTED IN BELGIUM BY proost INTERNATIONAL BOOK PRODUCTION